四川省地方标准

# 公路瓦斯隧道技术规程

Technical Regulation for
Highway Gas Tunnel

DB51/T 2243－2016

主编单位：四川省交通运输厅公路规划勘察设计研究院
批准部门：四 川 省 质 量 技 术 监 督 局
施行日期：２０１６ 年 ９ 月 １ 日

西南交通大学出版社

2016 成 都

图书在版编目（CIP）数据

公路瓦斯隧道技术规程 / 四川省交通运输厅公路规划勘察设计研究院主编. —成都：西南交通大学出版社，2017.5
（四川省地方标准）
ISBN 978-7-5643-5354-4

Ⅰ.①公… Ⅱ.①四… Ⅲ.①公路隧道－瓦斯隧道－隧道工程－规程－四川 Ⅳ.①U459.2-65

中国版本图书馆 CIP 数据核字（2017）第 061748 号

四川省地方标准
**公路瓦斯隧道技术规程**
主编单位　四川省交通运输厅公路规划勘察设计研究院

| | |
|---|---|
| 责 任 编 辑 | 姜锡伟 |
| 封 面 设 计 | 墨创文化 |
| | 西南交通大学出版社 |
| 出 版 发 行 | （四川省成都市二环路北一段 111 号 西南交通大学创新大厦 21 楼） |
| 发行部电话 | 028-87600564　028-87600533 |
| 邮 政 编 码 | 610031 |
| 网　　　　址 | http://www.xnjdcbs.com |
| 印　　　　刷 | 成都蜀通印务有限责任公司 |
| 成 品 尺 寸 | 140 mm×203 mm |
| 印　　　　张 | 6.125 |
| 字　　　　数 | 118 千 |
| 版　　　　次 | 2017 年 5 月第 1 版 |
| 印　　　　次 | 2017 年 5 月第 1 次 |
| 书　　　　号 | ISBN 978-7-5643-5354-4 |
| 定　　　　价 | 34.00 元 |

图书如有印装质量问题　本社负责退换
版权所有　盗版必究　举报电话：028-87600562

# 前 言

根据四川省质量技术监督局的要求,在总结提炼四川省近年来瓦斯隧道建设经验的基础上,编制组结合2007年交通部西部交通建设科技项目"西部地区公路瓦斯隧道设计与施工技术研究"和2012年四川省交通运输厅科技项目"高速公路瓦斯隧道防治与施工管理研究"研究成果,参考和借鉴公路、铁路和煤矿系统的相关规范与规程编制形成本规程。

本规程主要技术内容包括:总则、术语、瓦斯隧道分类、勘察、设计、施工、揭煤防突、施工安全管理、运营监测与通风、安全风险评估、质量检验及工程验收。

本规程由四川省质量技术监督局审查批准[四川省地方标准公告2016发字第5号(总第54号)],四川省交通运输厅负责管理,四川省交通运输厅公路规划勘察设计研究院负责具体技术内容的解释。在执行过程中如有意见和建议，请寄送四川省交通运输厅公路规划勘察设计研究院（地址：成都市武侯祠横街1号；邮编：610041）。

主编单位：四川省交通运输厅公路规划勘察设计研究院
主要起草人：李玉文　　王　联　　郑金龙　　高世军
　　　　　　马洪生　　林国进　　钟　勇　　田尚志
　　　　　　唐　协　　李泳伸　　朱长安
主审人：李玉文　　王　联

# 目 录

1 范 围 ······················································································ 1

2 规范性引用文件 ···································································· 2

3 总 则 ······················································································ 3

4 术 语 ······················································································ 6

5 瓦斯隧道分类 ······································································ 15

6 勘 察 ···················································································· 19

   6.1 一般规定 ······································································ 19

   6.2 勘察内容 ······································································ 20

   6.3 资料要求 ······································································ 30

7 设 计 ···················································································· 33

   7.1 一般规定 ······································································ 33

   7.2 衬砌结构防护措施 ······················································ 35

   7.3 瓦斯排放措施 ······························································ 38

| 8 施 工 | 41 |
|---|---|
| 8.1 一般规定 | 41 |
| 8.2 超前预测预报 | 44 |
| 8.3 钻爆作业 | 46 |
| 8.4 瓦斯检测 | 51 |
| 8.5 施工通风 | 54 |
| 8.6 电气设备 | 59 |
| 8.7 作业机械 | 69 |
| 9 揭煤防突 | 71 |
| 9.1 一般规定 | 71 |
| 9.2 突出煤层超前探测 | 74 |
| 9.3 揭煤前突出危险性预测 | 76 |
| 9.4 防治煤（岩）与瓦斯突出措施 | 78 |
| 9.5 防突措施效果检验 | 81 |
| 9.6 揭煤与掘进 | 83 |
| 9.7 安全防护 | 85 |
| 10 施工安全管理 | 88 |
| 10.1 一般规定 | 88 |
| 10.2 超前预测预报管理 | 89 |
| 10.3 钻爆作业管理 | 90 |
| 10.4 瓦斯检测管理 | 91 |
| 10.5 施工通风管理 | 94 |

|    | 10.6 | 电气及机械设备管理 ················· 96 |
|----|------|----|
|    | 10.7 | 消防安全管理 ······················ 99 |
|    | 10.8 | 施工人员管理 ····················· 101 |
|    | 10.9 | 事故预防与救护 ··················· 102 |
| 11 | 运营监测与通风 ························· 105 | |
|    | 11.1 | 瓦斯检测 ························· 105 |
|    | 11.2 | 运营通风 ························· 106 |
| 12 | 安全风险评估 ··························· 110 | |
|    | 12.1 | 一般规定 ························· 110 |
|    | 12.2 | 层次分析法评价指标体系 ············· 113 |
|    | 12.3 | 设计阶段安全风险评估 ··············· 121 |
|    | 12.4 | 施工阶段安全风险评估 ··············· 122 |
| 13 | 质量检验及工程验收 ····················· 124 | |
|    | 13.1 | 质量检验 ························· 124 |
|    | 13.2 | 工程验收 ························· 125 |

附录 A 煤层瓦斯压力测定方法 ················ 126

附录 B 煤的破坏类型分类 ····················· 130

附录 C 煤的瓦斯放散初速度测定方法 ··········· 131

附录 D 煤的坚固性系数测定方法 ··············· 134

附录 E 瓦斯涌出量计算方法 ···················· 137

附录 F 风速和瓦斯浓度测定方法 …………………… 142

附录 G 钻屑指标法 …………………………………… 150

附录 H 综合指标法 …………………………………… 154

附录 I $R$ 值指标法 …………………………………… 157

附录 J 钻孔瓦斯涌出初速度测定方法 ……………… 159

附录 K 瓦斯自动监控报警与断电系统 ……………… 161

附录 L 行走式作业机械防暴改装方法 ……………… 171

附录 M 施工缝透气系数测定方法 …………………… 183

# 1 范围

本规程规定了公路瓦斯隧道分类标准、勘察方法、设计措施、施工措施及设备配置、揭煤防突措施、风险评估指标等。

本规程适用于公路瓦斯隧道勘察、设计、施工、运营管理、风险评估和质量检验与验收。

## 2 规范性引用文件

下列文件对于本文件的应用是必不可少的。凡是注日期的引用文件，仅所注日期的版本适用于本文件。凡是不注日期的引用文件，其最新版本（包括所有的修改单）适用于本文件。

GB 6722《爆破安全规程》

JTG B01《公路工程技术标准》

JTG C20《公路工程地质勘察规范》

JTG D70《公路隧道设计规范》

JTG F60《公路隧道施工技术规范》

JTG F80《公路工程质量检验评定标准》

JTG H12《公路隧道养护技术规范》

JTG F90《公路工程施工安全技术规范》

TB 10120《铁路瓦斯隧道技术规范》

2011年5月《公路桥梁和隧道工程施工安全风险评估指南（试行）》

# 3 总　则

**3.0.1** 为统一四川省公路瓦斯隧道勘察、设计、施工及运营管理技术准则，制定本规程。

**3.0.2** 本规程适用于四川省新建公路瓦斯隧道，改（扩）建公路瓦斯隧道可参照使用。

**3.0.3** 瓦斯隧道地质勘察应根据各设计阶段要求开展工作，并进行瓦斯综合分析与评估。

**条文说明：**
地质勘察和瓦斯分析评估分为预可行性研究阶段、可行性研究阶段、初步设计阶段和施工图设计阶段四个阶段。

**3.0.4** 瓦斯隧道在设计阶段和施工阶段均应进行安全风险评估，并制订风险控制措施。

**条文说明：**

根据交通运输部文件《关于在初步设计阶段实行公路桥梁与隧道工程安全风险评估制度的通知》（交公路发〔2010〕175号）和《公路桥梁和隧道工程施工安全风险评估指南（试行)》（2011年5月）的要求，在初步设计阶段和施工阶段需要进行风险评估，通过设计和施工保障措施降低风险等级。

3.0.5 瓦斯隧道施工期间，应校核并评定瓦斯地层和瓦斯工区类别，并确认或调整设计及施工组织。

**条文说明：**

瓦斯隧道在勘察设计阶段，有时钻孔对瓦斯、煤层取样困难，准确分析评价瓦斯类别难度大，因此施工期间需要根据超前钻孔测试相关参数或通过实测的洞内瓦斯浓度、风速计算绝对瓦斯涌出量，动态确认核实瓦斯地层类别和瓦斯工区类别。

3.0.6 瓦斯隧道施工应全程检测瓦斯，瓦斯工区应实施连续通风。

**条文说明：**

为保障瓦斯隧道施工安全，同时便于实施和降低工程造价，瓦斯检测要求贯穿隧道施工全过程，而连续不间断通风仅要求在瓦斯工区段实施，即瓦斯隧道的非瓦斯工区可不要求实施连续通风。

**3.0.7** 公路瓦斯隧道勘察、设计、施工及运营管理除应按本规程执行外，尚应符合国家现行的法律、法规及相关行业标准、规范的规定。

# 4 术 语

**4.0.1** 瓦斯 gas

主要由煤（岩）层中逸出的以甲烷（$CH_4$）为主的有害气体的总称。

**4.0.2** 瓦斯地层 gas formation

含有瓦斯的地层。根据瓦斯成因，瓦斯地层可分为煤系瓦斯地层和非煤系瓦斯地层（油页岩及页岩气、天然气、石油地层）。

**4.0.3** 瓦斯隧道 gas tunnel

在勘测或施工中，只要发现隧道内任一处存在瓦斯，该隧道即为瓦斯隧道。

**4.0.4** 瓦斯工区 work area with gas

在瓦斯隧道施工过程中，若隧道施工区段内任一处检测有瓦斯，则洞口至开挖掌子面的施工区段为瓦斯工区。

**4.0.5　绝对瓦斯涌出量　absolute gas emission rate**

单位时间涌出的瓦斯量称为绝对瓦斯涌出量，以 $m^3/min$ 计。

**4.0.6　相对瓦斯涌出量　relative gas emission rate**

隧道正常掘进条件下，平均每开挖 1 t 煤所涌出的瓦斯量，称为相对瓦斯涌出量，以 $m^3/t$ 计。

**4.0.7　煤（岩）与瓦斯突出　coal（rock）and gas outburst**

在地应力和瓦斯的共同作用下，破碎的煤、岩和瓦斯由煤体或岩体内突然向开挖空间抛出的异常的动力现象，简称"突出"。

**4.0.8　吨煤(岩)瓦斯含量　gas content of each ton of coal（rock）**

煤（岩）层在自然条件下，每吨煤（岩）所含有的瓦斯量。是游离瓦斯与吸附瓦斯量之总和,单位:$m^3/t$。

**4.0.9 瓦斯浓度 gas concentration**

空气中瓦斯量与空气体积之比,以百分数表示。

**4.0.10 瓦斯压力 gas pressure**

瓦斯在煤(岩)体中所呈现的压力,单位:MPa。

**4.0.11 瓦斯放散初速度 initial velocity of diffusion of coal gas**

在特定条件下,标准煤样在一定时间内解吸出的瓦斯量。

**4.0.12 突出预测预报 outburst forecast**

利用煤层的煤结构、煤的物理力学性质、瓦斯、地应力等的某些特征参数及其变化或利用工作面的某些特征、突出前的预兆,预测开挖工作面突出的危险性的工作。

**4.0.13 突出预测敏感指标 outburst forecast sensitive index**

预测煤(岩)和瓦斯突出具有敏感性的指标。

**4.1.14** 突出预测临界值　outburst forecast critical value

预测煤（岩）和瓦斯突出发生的临界指标值。

**4.0.15** 局部瓦斯积聚　local gas accumulation

隧道内任一体积大于 0.5 m³ 的空间内积聚的瓦斯浓度达到 2.0% 的现象。

**4.0.16** 矿用防爆电气设备　mining electrical apparatus for explosive gas atmospheres

系指按 GB 3836.1－2010 标准生产的，专供煤矿井下使用，不会引起煤矿爆炸性气体混合物爆炸的电气设备。

**4.0.17** 煤矿许用炸药　coal permitted explosive

允许用于有瓦斯和煤尘爆炸危险的地下工程爆破的专用炸药。

**4.0.18** 风电甲烷（瓦斯）闭锁装置　fan-stoppage methane-monitor breaker

当掘进工作面的局部通风机停止运转或隧道内甲烷浓度超过规定值时，能立即自动切断该供风巷道中的一切电源，并只有在局部通风机恢复运转和甲烷浓度低于规定值时，只能通过人工送电才能恢复供风巷道的电气设备供电的安全装置。

**4.0.19 甲烷断电仪 methane circuit breaker**

当隧道内甲烷浓度超过预置的浓度阀值时，能在发出报警信号的同时自动切断受控设备电源的仪器，又称"瓦斯断电仪"。

**4.0.20 甲烷传感器 methane transducer**

连续监测隧道内环境气体中甲烷浓度的仪器。

**4.0.21 便携式甲烷报警仪 portable methane detector and alarm instrument**

用于检测甲烷浓度，并能在超限的情况下发出声光报警的便携式仪表。

**4.0.22 光干涉式甲烷测定器 optical principle methane**

detector

利用光学原理测试甲烷浓度的仪器。

**4.0.23 瓦斯抽放 gas drainage**

采用专用设备和管路把煤(岩)层或采空区(空洞、裂隙)赋积的瓦斯抽出到隧道回风系统或大气中的措施。

**4.0.24 瓦斯排放 gas emission**

对于隧道内任一处积聚瓦斯实施的安全排除措施,或指通过在未开挖的煤(岩)体内施工钻孔,将煤(岩)体瓦斯释放到开挖空间并排出到大气的措施。

**4.0.25 综合防突措施 synthesized coal and gas outburst prevention measure**

在煤(岩)和瓦斯突出煤(岩)体中进行开挖作业前和开挖过程中实施的突出预测、防突措施、措施效果检验和安全防护措施的"四位一体"综合防突措施。

**4.0.26 钻孔动力现象 dynamic phenomenon**

钻孔过程中大量的瓦斯、煤浆、煤粉、水从钻孔中喷出(喷孔、喷水)或高压瓦斯将钻杆向外推(顶钻)、夹钻、抱钻、顶水等现象。

4.0.27 透气系数 air permeability

在规定压力下,单位时间、单位面积内混凝土的透气量,单位:cm/s。

4.0.28 钻屑量法(钻屑法) drill cuttings quantity method

用每单位钻孔体积排出的钻屑量来评估煤(岩)和瓦斯突出的危险程度的方法。

4.0.29 钻屑量 drill cuttings quantity

单位钻孔长度排出的钻屑质量,单位:kg/m。

4.0.30 钻屑瓦斯解吸指标 $K_1$ gas desorption index ($K_1$) of drill cuttings

预测突出危险性的钻屑瓦斯解吸指标之一。综合反映煤层瓦斯含量及卸压初期瓦斯解吸速度的大小,用特定仪器测定钻屑试样在卸压初期一段时间(5 min)瓦斯解吸曲线的斜率表示,单位:$cm^3/g \cdot min^{1/2}$。

**4.0.31** 钻屑瓦斯解吸指标$\Delta h_2$ gas desorption index ($\Delta h_2$) of drill cuttings

预测突出危险性的钻屑瓦斯解吸指标之一。综合反映煤层瓦斯含量及卸压初期瓦斯解吸速度的大小,用特定仪器测定钻屑试样在卸压初期一段时间(2 min)瓦斯解吸而产生的压力差表示,单位:Pa。

**4.0.32** 超前探孔 probing hole

为探明开挖工作面前方煤层位置及赋存条件和瓦斯情况的钻孔。

**4.0.33** 预测孔 forecast hole

用于预测煤(岩)和瓦斯突出危险的专门钻孔。

**4.0.34** 排放孔 gas discharge borehole

用于排放具有煤(岩)和瓦斯突出危险煤岩体内瓦斯的专门钻孔。

**4.0.35 安全防护措施** safe preventive measure

针对煤（岩）与瓦斯突出隧道，在隧道开挖作业时采用的保障人身安全的技术措施。

# 5 瓦斯隧道分类

**5.0.1** 瓦斯隧道分为微瓦斯、低瓦斯、高瓦斯、煤（岩）与瓦斯突出四类，瓦斯隧道类别按瓦斯工区或瓦斯地层的最高类别确定。

**5.0.2** 瓦斯工区与瓦斯地层类别判定指标为隧道内绝对瓦斯涌出量，分类标准见表5.0.2。

表 5.0.2 瓦斯地层或瓦斯工区分类判定指标

| 瓦斯地层或瓦斯工区类别 | 绝对瓦斯涌出量 $Q_{绝}$（m³/min） |
|---|---|
| 微瓦斯 | $Q_{绝} < 0.5$ |
| 低瓦斯 | $1.5 > Q_{绝} \geq 0.5$ |
| 高瓦斯 | $Q_{绝} \geq 1.5$ |

**条文说明：**

微、低瓦斯地层或工区绝对瓦斯涌出量分界标准按双车道公路隧道采用全断面开挖，通风风速不小于 0.25 m/s 时可把洞内平均瓦斯浓度降到 0.3% 以下计算确定；低、高瓦斯地层或工区绝对瓦斯涌出量分界标准按双车道公路隧道采用全断面开挖，通风风速不小于 0.5 m/s 时可把洞内平均瓦斯浓度降到 0.5%以下计算确定。

**5.0.3** 在瓦斯隧道施工过程中，当隧道施工区段内任一处检测有瓦斯时，洞口至开挖掌子面的施工区段为瓦斯工区；当施工区段瓦斯地层全部穿越，经检测评定确认无瓦斯后可认为后续施工区段为非瓦斯工区。

**条文说明：**

一座隧道洞口至开挖掌子面作为一个施工工区，在一个施工工区内可能一次或多次穿越瓦斯地层，因此瓦斯工区与非瓦斯工区是一个动态变化的过程，见图 5.0.3。

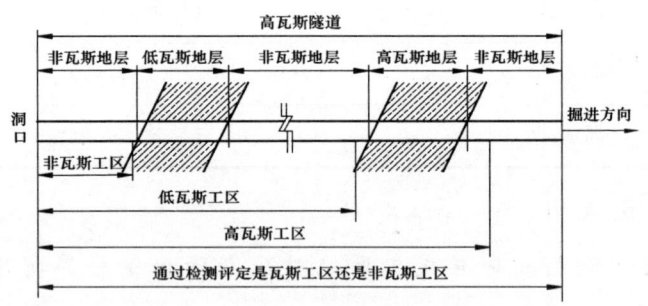

图 5.0.3 瓦斯工区与瓦斯地层示意图

**5.0.4** 瓦斯隧道符合下列条件之一时，勘察阶段应进行煤（岩）与瓦斯突出评估，施工阶段应进行煤（岩）与瓦斯突出鉴定。

——煤（岩）层有瓦斯动力现象的；

——隧道穿越相邻矿井开采的同一煤（岩）层发生突出的；

——煤（岩）层瓦斯压力达到或超过 0.74 MPa 的。

**条文说明：**

本条参照《煤矿安全规程》（2011）第一百七十六条规定。

**5.0.5** 突出煤（岩）层评估和鉴定应首先根据实际发生的瓦斯动力现象进行。动力现象特征不明显或者没有动力现象时，应根据实际测定的煤层最大瓦斯压力 $P$、软分层煤的破坏类型、煤的瓦斯放散初速度 $\Delta P$ 和煤的坚固性系数 $f$ 等指标进行鉴定。全部指标均达到或超过表 5.0.5 所列临界值的，确定为突出煤（岩）层。

**表 5.0.5 突出煤（岩）层鉴定的单项指标临界值**

| 判定指标 | 煤的破坏类型 | 瓦斯放散初速度 $\Delta P$(mmHg) | 煤的坚固性系数 $f$ | 煤层瓦斯压力 $P$(MPa) |
|---|---|---|---|---|
| 有突出危险的临界值及范围 | Ⅲ、Ⅳ、Ⅴ | ≥10 | ≤0.5 | ≥0.74 |

**条文说明：**

由于煤（岩）与瓦斯突出是一种复杂的煤体动力现象，目前对其突出机理的认识仍处于假说阶段。煤炭系统所采用的煤与瓦斯突出判定、预测方法都是一些半理论半经验的方法，各种指标只是定性地反映地应力、瓦斯、煤体结构和力学性质这三个因素。如果要确定公路瓦斯预测敏感指标及临界值，则需要对国内外穿煤隧道进行广泛的突出事例调查，进行大量的试验，才能找出令人信服的公路瓦斯预测敏感指标及临界值，但目前发生煤（岩）与瓦斯突出的公路隧道案例很少，使得公路瓦斯隧道预测敏感指标及临界值的确定有较大的难度。因此本规程参照《防治煤与瓦斯突出规定》（2009年版）第十三条规定进行鉴定。表中煤层最大瓦斯压力 $P$ 测定方法见附录 A，软分层煤的破坏类型划分见附录 B，煤的瓦斯放散初速度 $\Delta P$ 测定方法见附录 C，煤的坚固性系数 $f$ 测定方法见附录 D。

# 6 勘 察

## 6.1 一般规定

**6.1.1** 确定隧道位置时,应结合路线总体设计并经技术经济比较,绕避瓦斯地层;绕避困难时,宜以较短距离通过。

**6.1.2** 隧道穿越或邻近瓦斯地层时,应开展瓦斯地质勘察工作,其勘察范围和深度应满足瓦斯隧道设计和施工的需要。

**条文说明:**

瓦斯具有流动、运移的特性,且瓦斯的来源除煤系地层外还有油页岩及页岩气、天然气、石油地层,统称为含瓦斯地层。对于邻近区域有已查明瓦斯分布的同一地质构造单元,且不受深切峡谷隔离的隧道,有必要开展瓦斯勘察工作，为隧道合理选线等决策提供依据。

**6.1.3** 瓦斯隧道勘察应开展资料收集、地质调查、地质勘探与测试等工作，提供煤（岩）层与瓦斯基本参数，并进行综合分析与评估。

**条文说明：**
瓦斯隧道地质勘察工作的目的是掌握隧道穿越地区影响瓦斯赋存的各种地质条件和瓦斯赋存、分布规律，进行瓦斯的综合分析和预测，为隧道设计、施工提供必要的依据和参数。

## 6.2 勘察内容

**6.2.1** 资料收集应包括以下主要内容：
——区域地质、遥感地质、矿产地质报告，油气显示等资料；
——邻近煤矿、油气田的相关图件，煤层、煤质、瓦斯及灾害等已有资料；
——其他地下工程的瓦斯地质资料。

**条文说明：**

邻近煤矿、油气田是指与公路隧道在地质构造上处于同一地质单元，具备瓦斯连通条件，瓦斯能够通过岩体渗透、运移继而对公路隧道产生影响的既有、在建或已查明的煤矿、油气田。

既有资料收集主要包括以下内容：

（1）油气田、气井的地质平面图、地质剖面图、地层柱状图、煤（岩）层对比图、钻孔资料、各阶段地质勘察报告等。

（2）煤层资料包括煤层的层位、层数、厚度、间距、结构、构造、稳定程度、顶底岩性及其变化，煤质资料包括颜色、光泽、重度、硬度、水分、挥发分、灰分等。瓦斯资料包括瓦斯含量、瓦斯涌出量及涌出形式、瓦斯压力、瓦斯放散初速度、软煤分层的坚固性系数、煤的破坏类型等，灾害资料包括瓦斯爆炸、瓦斯燃烧、瓦斯异常涌出、煤（岩）与瓦斯突出、煤层自燃、煤尘爆炸等。

（3）瓦斯矿井的分布、开采水平、通风方式、瓦斯类别等资料。

（4）采空区范围、采煤及顶板管理办法、接替采区和规划采区的位置及范围等资料。

（5）煤（岩）与瓦斯突出的历史记载和实测资料，包括瓦斯压力、始突深度、时间、地点、强度、频率、突出类型等。

（6）收集公路隧道邻近地区天然气、页岩气储存和矿点地质资料，着重了解油苗、气苗、含气构造，了解石油和天然气部门的勘测活动，包括钻井井位、深度、油气显示、储层压力等。

其他地下工程包括公路隧道邻近的建成和在建的其他公路隧道、铁路隧道、水工隧道等地下工程，收集以上地下工程的勘察、设计、施工、运营各阶段的瓦斯地质资料。

**6.2.2** 地质调查应包括以下主要内容：

——隧址区地形、地貌、工程地质、水文地质条件；

——隧道的瓦斯来源及地质构造；

——隧道穿越含煤地层的分布、煤层位置、厚度、倾角、顶底板岩性组合特征及裂隙发育情况；

——瓦斯带和风化带深度；

——了解当地居民是否发现和利用过气苗，调查气苗露头位置、出气量、气苗出露地层及构造位置。

**条文说明：**

水文地质条件调查重点是地下水的补给、径流、排泄等水文地质条件以及与瓦斯运移的相互关系。利用既有煤矿巷道、地表岩层露头，调查隧道穿越含煤地层分布、煤层位置、厚度、倾角和煤层顶底板的岩性、节理、裂隙、岩层组合等特征，采用投影计算确定隧道穿煤里程和长度。

产生瓦斯的地质构造主要包括煤层、油页岩层、页岩气层、天然气储气层所处构造部位，分析瓦斯、气苗、油苗与地质构造的关系，分析天然气的生成、运移、储集、圈闭条件及影响因素。

6.2.3 物探应符合以下规定：

——对存在煤层采空区、地质构造复杂的瓦斯隧道，宜根据采空区与隧道的空间相对关系开展物探。

——宜选用地震法、电法等地球物探手段查明煤层、采空区、老窑积水情况等的分布及变化特征，并进行现场调查验证。

6.2.4 钻探应符合以下规定：

——钻孔应布置在隧道穿越煤层部位或构造中最有利储气部位，并结合孔内测井等测试手段查明煤层的分布。

——钻孔宜布置1～3个，孔底应至隧道基底高程以下10～20m或必须查清的构造部位。

——各煤层应取样1～2组，煤层顶、底板岩层应各取样1组。

**条文说明：**

根据煤层与隧道的空间关系确定钻孔位置及数量。对于地质条件简单，可以通过资料收集和地质调查后能够基本确定煤层的分布情况，布置1个钻孔验证即可；而地质条件复杂的则需要通过多个钻孔确定煤层情况。

天然气构造中最有利储气部位包括背斜轴部顶点、陡翼部、构造转折处、断层带、地应力集中部位。

孔底需要进入隧道基底高程以下一定深度是为确保钻探及测试的有效性，并考虑到瓦斯具有渗透和运移的特性。

**6.2.5** 现场测试与室内试验应符合以下规定：

——现场鉴定与测试

- 对煤层进行颜色、光泽、构造及构造特征、节理及节理面性质、断口性质、煤岩类型等进行鉴定描述；

● 在钻孔中或在煤矿巷道内采取煤层瓦斯解吸样和气样，测定瓦斯压力、钻孔瓦斯涌出初速度、钻屑解吸指标。

——室内试验

● 对煤样进行物理性质分析和试验：视密度、强度；

● 对煤样进行工业成分分析试验：水分、灰分、挥发分；

● 测煤瓦斯含量及瓦斯成分；

● 测定瓦斯放散初速度和煤的坚固性系数；

● 检测地下水的腐蚀性。

**条文说明：**

钻孔中或在煤矿巷道内采取煤样的方法见 GB/T 482《煤层煤样采取方法》，瓦斯压力测试方法见附录 A，钻孔瓦斯涌出初速度测试方法见附录 K，钻屑解吸指标测试方法见附录 G，煤层的突出危险性综合指标测试方法见附录 H，$R$ 值指标测试方法见附录 J。

煤样密度测试方法见 GB/T 6949《煤的视相对密度测定方法》。

煤样、颜色、光泽、节理、断口、强度等的外观特征描述方法见（87）煤地字第 656 号《煤炭资源勘探煤样采取规程》。

煤样的水分、灰分、挥发分工业成分分析测试方法见GB/T212《煤的工业分析方法》、GB/T 23250《煤层瓦斯含量井下直接测定方法》。

瓦斯含量测试方法见GB/T 23249《地勘时期煤层瓦斯含量测定方法》。

瓦斯放散初速度测试方法见附录C，煤的坚固性系数测试方法见附录D。

地下水的腐蚀性检测方法见JTJ 056《公路工程水质分析操作规程》，评价方法见JTG C20《公路工程地质勘察规范》。

### 6.2.6 瓦斯类别预测与评估

——应根据邻近的煤矿、油气田瓦斯资料等进行类比评价。

——根据煤与瓦斯参数，结合施工方案与进度，分段计算隧道及辅助坑道的绝对瓦斯涌出量，分段预测瓦斯地层类别。

——根据煤体结构及有关参数，进行煤（岩）层突出危险性评估。

**条文说明：**

隧道及辅助坑道的绝对瓦斯涌出量计算方法见附录E，分段预测瓦斯地层类别判定指标见5.0.2条规定。

**6.2.7 煤层自燃倾向性和煤尘爆炸性鉴定**

——首先应根据邻近煤矿、地下工程的既有资料进行煤层自燃倾向性和煤尘爆炸性的类比评估，若煤层属易自燃或容易自燃和煤尘具有爆炸性，应进行取样测试。

——煤层自燃倾向性测试鉴定宜采用流动色谱吸氧法，测定煤的吸氧量等指标，进行评价；煤尘爆炸性测试鉴定宜采用大管状煤尘爆炸性鉴定仪等方法。

**条文说明：**

煤层发生自燃的四个必备条件：(1)煤被开采后呈破碎状态，堆积厚度一般要大于0.4 m；(2)有较好的蓄热条件；(3)有适量的通风供氧；(4)上述三个条件共存的时间大于煤的自燃发火期。此外，煤的自燃性能、开采技术、采空区三带划分、开采深度、煤层倾角和厚度以及地质构造等因素也影响着煤层自燃发生，影响和控制自燃的因素多。

在实验室确定自燃倾向性类别时，按照 GB/T 20104《煤自燃倾向性色谱吸氧鉴定法》进行煤层自燃倾向性测试评价。

以每克干煤在常温（30 ℃）、常压（$1.013\ 3\times10^5$ Pa）下的吸氧量作为煤的自燃倾向性分类的主指标，按表6.2.7-1 和表 6.2.7-2 进行评价。

表 6.2.7-1　煤样干燥无灰基挥发分 $V_{daf}>18\%$ 时自燃倾向性分类

| 自燃倾向性类别 | 自燃倾向性 | 煤的吸氧量 $V_d$（cm³/g） |
|---|---|---|
| Ⅰ类 | 容易自燃 | $V_d>0.70$ |
| Ⅱ类 | 自燃 | $0.40<V_d\leqslant0.70$ |
| Ⅲ类 | 不易自燃 | $V_d\leqslant0.40$ |

表 6.2.7-2　煤样干燥无灰基挥发分 $V_{daf}\leqslant18\%$ 时自燃倾向性分类

| 自燃倾向性类别 | 自燃倾向性 | 煤的吸氧量 $V_d$（cm³/g） | 全硫 $S_{t,d}$（%） |
|---|---|---|---|
| Ⅰ类 | 容易自燃 | $V_d\geqslant1.00$ | $S_{t,d}\geqslant2.00$ |
| Ⅱ类 | 自燃 | $V_d<1.00$ | |
| Ⅲ类 | 不易自燃 | | |

注1：煤尘爆炸必须同时具备三个条件：(1) 煤尘本身

具有爆炸性；（2）煤尘必须悬浮于空气中，并达到一定的浓度；（3）存在能引燃煤尘爆炸的高温热源。此外，煤尘爆炸还受煤的挥发分、煤的灰分和水分、煤尘粒度、空气中的瓦斯浓度、空气中氧的含量、引爆热源类型等因素的影响。

注2：煤尘爆炸性的测试鉴定方法有两种：一种是在大型煤尘爆炸试验巷道中进行，这种方法比较准确可靠，但工作繁重复杂，所以一般作为标准鉴定用；另一种是在实验室内使用大管状煤尘爆炸性鉴定仪进行，方法简便，目前多采用这种方法，具体操作见 AQ 1045《煤尘爆炸性鉴定规范》。

6.2.8 不同勘察阶段采用的勘察手段可按表 6.2.8 选用。

表 6.2.8 勘察手段选用表

| 勘察手段 | 勘察阶段 | | |
|---|---|---|---|
| | 预可和工可勘察 | 初步勘察 | 详细勘察 |
| 资料收集 | + | + | + |
| 地质调绘 | + | + | + |
| 钻　　探 | ○ | + | + |

续表

| 勘察手段 | 勘察阶段 | | |
|---|---|---|---|
| | 预可和工可勘察 | 初步勘察 | 详细勘察 |
| 物　　探 | ○ | ○ | ○ |
| 现场测试 | ○ | + | + |
| 室内试验 | ○ | ○ | + |

注："+"为必做项目；"○"为选做项目。

## 6.3　资料要求

**6.3.1**　文字说明应包括以下内容：

——预可和工可勘察：应明确所勘察的隧道工程是否是瓦斯隧道，概略确定瓦斯地层类别，并阐述煤系地层的工程地质条件、方案比选意见及下阶段地质勘察工作建议。

——初步勘察：应以专门的篇幅阐述隧道工程地质条件及瓦斯地层情况（通过煤层长度、揭煤位置、煤层与线路夹角，煤层厚度、倾角等，附近油气田、气井情况），煤层顶、底板特征，影响瓦斯的地质条件，控制煤（岩）与瓦斯突出的地质因素，主要瓦斯参数、瓦斯涌出量预测、煤（岩）与瓦斯突出、煤层自燃倾向性和煤尘爆炸危险性评价；根据拟建线路评价隧道瓦斯类别，初步划分瓦斯地层类别，提出工程措施及详细勘察工作的建议等。

——详细勘察：在初步勘察基础上，补充实施勘察工作后，校对初勘的瓦斯文字说明。资料要求同初步勘察。

**6.3.2** 图表资料应包括以下内容：

——预可和工可勘察：

• 全线工程地质平、纵面图（1∶50 000～1∶200 000）。图中应标明煤系地层及其他含瓦斯地层的分布位置。

• 隧道工程地质平、纵面图（含工程地质平面图和工程地质纵断面图）（1∶5 000～1∶10 000）。图中地层应划分至组或段，并标明煤层及采空区的空间位置。

——初步勘察：

• 隧道 1∶2 000～1∶10 000 工程地质平面图。图中应标明煤层、矿井及采空区的分布范围。

• 隧道 1∶2 000～1∶10 000 工程地质纵断面图。图中应填绘煤层和矿井的空间分布位置、瓦斯风化带分界线、有关测试参数等。

- 采空区及瓦斯突出煤(岩)层等段落附1：200~1：500工程地质纵断面和横断面图。
- 物探解释成果资料。
- 资料收集、地质调查、勘探测试的附图、附表和照片等。

——详细勘察：

在初步勘察基础上，补充实施勘察工作后，补充、校对初勘的瓦斯图表资料。资料要求同初步勘察。

# 7 设 计

## 7.1 一般规定

**7.1.1** 瓦斯隧道中瓦斯地层段的衬砌结构应有防瓦斯渗透措施。

**7.1.2** 瓦斯地层段的衬砌结构防护等级划分为一级、二级和三级,划分标准按表 7.1.2 确定。

表 7.1.2 瓦斯地层段衬砌结构防护等级

| 衬砌结构防护等级 | 瓦斯压力 $P$(MPa) | 吨煤(岩)瓦斯含量($m^3/t$) |
|---|---|---|
| 一 级 | $\geqslant 0.74$ | — |
| 二 级 | $0.20 \leqslant P < 0.74$ | $\geqslant 5$ |
| 三 级 | $< 0.20$ | $< 5$ |

注:当按吨煤(岩)瓦斯含量与瓦斯压力确定的衬砌结构防护等级不一致时,应取较高者。

**条文说明：**

地层中的瓦斯主要通过瓦斯压力与隧道内大气压压差渗透进入隧道，通过计算分析，当瓦斯压力 $P=0.2$ MPa（或吨煤（岩）瓦斯含量达到 $5 \text{ m}^3/\text{t}$），隧道的二次衬砌透气系数为 $1.0\times10^{-11}$ cm/s 时，50 延米的隧道 20 min 瓦斯渗入量可达到 $0.10 \text{ m}^3$，即有可能造成瓦斯积聚；当地层瓦斯压力大于 0.74 MPa 时有瓦斯突出危险性，需采用最严密的防瓦斯结构措施。

**7.1.3** 衬砌结构防护等级较高地段应向等级较低地段延伸，延伸长度宜大于 50 m。

**条文说明：**

本条参照 JTG D70《公路隧道设计规范》第 14.5.1 条规定，规范要求延伸长度 10~20 m 偏小。根据地层节理裂隙发育程度、瓦斯压力大小确定，本规定从安全角度考虑适当增大设防长度。

**7.1.4** 瓦斯隧道设计阶段应根据瓦斯工区类别提出超前地质预报、钻爆作业、施工通风、瓦斯检测等技术及管理要求，电器设备与作业机械按最高瓦斯工区类别配置。

**7.1.5** 单洞高瓦斯工区、煤（岩）与瓦斯突出工区长度大于 2 000 m 时，宜采用巷道式通风。

**条文说明：**

高瓦斯、煤（岩）与瓦斯隧道通风要求高，当隧道掘进长度较长时采用独头压入式通风难度大，需要设置独立通风通道采用巷道式通风。

## 7.2 衬砌结构防护措施

**7.2.1** 衬砌结构防瓦斯措施的最低要求应按表 7.2.1 执行。

表 7.2.1 衬砌结构防瓦斯措施

| 防瓦斯措施 | | 衬砌结构防护等级 | | |
|---|---|---|---|---|
| | | 一级 | 二级 | 三级 |
| 喷射混凝土 | 厚 度 | 15 cm | | |
| | 强度等级 | C25 | C20 | |
| 二次衬砌（含仰拱） | 厚 度 | 40 cm | | |
| | 抗渗等级 | P12 | P10 | P8 |
| | 强度等级 | C40 | C35 | C30 |

**条文说明：**

喷射混凝土、模筑混凝土防瓦斯渗透主要指标为混凝土厚度及密实程度。混凝土透气性试验研究表明：模筑混凝土随着混凝土强度的提高，混凝土的抗透气性能越强，C25、C30混凝土透气系数均小于$1.0\times10^{-10}$cm/s，其中C30混凝土透气系数接近$1.0\times10^{-10}$cm/s；C20喷射混凝土透气性系数一般大于$1.0\times10^{-10}$cm/s，C25喷射混凝土透气性系数一般小于$1.0\times10^{-10}$cm/s。鉴于透气性系数在试验室检测困难，需到专门试验室进行检测，本规程混凝土防瓦斯渗透采用提高混凝土强度等级及抗渗等级进行控制。

对围岩进行注浆也是防瓦斯渗透的措施之一，在防护等级一级时可以采用围岩注浆措施封闭瓦斯。鉴于围岩注浆措施评定指标不易确定，本规程未列该措施，现场实施需要根据专项试验测试效果确定。

**7.2.2** 防护等级为一级、二级的二次衬砌宜采用带仰拱的封闭式结构。

**7.2.3** 防护等级为一级的衬砌结构应设置全封闭瓦

斯隔离层，防护等级为二级的衬砌结构宜设置全封闭瓦斯隔离层。当防水卷材作为瓦斯隔离层时，其厚度不应小于1.2 mm。

**条文说明：**

隧道初期支护与二次衬砌间设置瓦斯隔离层是防止瓦斯渗透的主要措施，防水卷材作为瓦斯隔离层时适当加厚。

**7.2.4** 瓦斯工区防水卷材搭接宜采用冷粘法，其施工搭接长度不应小于100 mm。

**条文说明：**

隧道施工中防水卷材搭接是最常见的施工工序，瓦斯隧道中由于瓦斯易积聚在防水卷材背后，当采用热焊时易引起防水卷材燃烧，带来安全隐患。

**7.2.5** 防护等级为一级、二级的衬砌结构二次衬砌施工缝透气系数不应大于 $1.0 \times 10^{-11}$ cm/s。

**条文说明：**

隧道内施工缝是瓦斯渗透主要通道，因此其透气性要求更高。一般施工缝防渗措施主要有膨胀止水条、膨胀止水胶、注浆管、中埋式止水带、背贴式止水带等。试验研究表明采用止水条、止水胶处理施工缝的效果比止水带好,主要原因是其膨胀性功能优越。

## 7.3 瓦斯排放措施

**7.3.1** 防护等级为一级和二级的衬砌结构地段宜分段设置水气分离装置,分段长度不大于 50 m;分离的水可排入洞内,分离的瓦斯气体应用管道引出洞外在高处放散。

**条文说明:**

1)防护等级为一级、二级的衬砌结构地段由于瓦斯压力大,一般采用全封闭衬砌,设置水气分离后可有效地降低衬砌背后的瓦斯压力,分段长度不大于 50 m 的主要原因是使墙背水能够及时排入洞内排水沟、管内。

2)瓦斯隧道设置水气分离装置及排放方式主要有:

(1)在穿越含瓦斯地层两端的边墙纵向泄水管设置水气分离装置,该段落不设置横向泄水管,隧道拱顶设置纵向排气管,瓦斯气体由拱顶排气管排出洞外。该段落地下水通过边墙墙背泄水管排泄在设置水气分离装置后的非瓦斯地层中，从而泄入中央排水管沟内（见图7.3.1）。

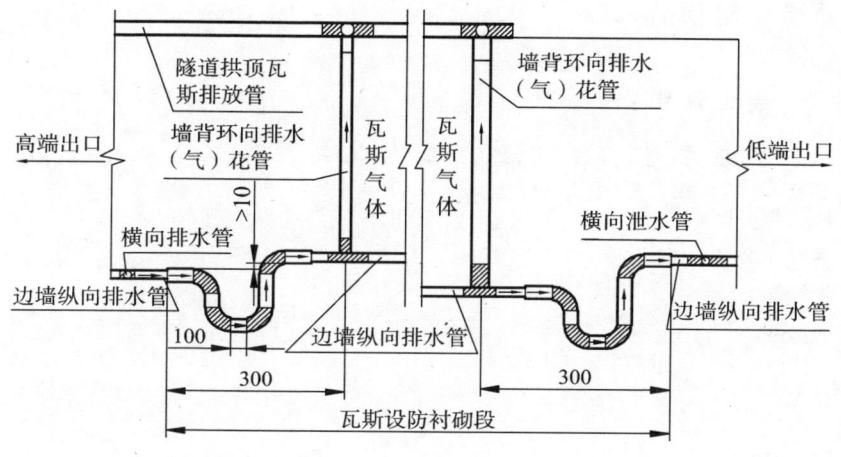

图 7.3.1　水气分离装置及瓦斯排放图

（2）隧道内设置两根中央排水管沟：一根在穿越含瓦斯地层段时排泄地下水及瓦斯，为水气混流管沟，在隧道出口附近设置水气分离装置，高处排放瓦斯、低处排放地下水；一根为穿越非瓦斯地段的排水管，管内无瓦斯。

（3）按常规设置中央排水管沟，边墙泄水管同时排泄瓦斯及地下水进入中央排水管沟，中央排水管为水气混流管，在隧道出口附近设置水气分离装置，高处排放瓦斯、低处排放地下水。

**7.3.2** 洞外瓦斯排气管口应高出隧道拱顶 10 m 以上,并应妥善接地,防止雷击,其周围 20 m 内禁止有明火及易燃易爆物品。

**条文说明:**

本条参考 TB 10120《铁路瓦斯隧道技术规范》第 4.2.10 条。

# 8 施 工

## 8.1 一般规定

**8.1.1** 瓦斯隧道施工前应编制隧道施工安全专项设计和施工组织设计。

**条文说明：**

瓦斯隧道施工安全专项设计主要包括的内容有：隧道瓦斯情况综合分析与评价、安全生产管理机构的设置及安全培训计划、作业机械配置及防爆要求、电气设备配置与供配电系统设计、通风系统设计与通风管理、瓦斯安全监测监控系统设计与瓦斯日常管理、瓦斯工区钻爆法开挖设计及施工作业、瓦斯工区超前地质预报、揭煤防突设计（如有）、采空区治理（如有）、防尘防火和防水的措施、事故预防与应急救援预案。

施工组织设计通常在瓦斯隧道施工安全专项设计的基

础上进行编制，重点加强的内容为：瓦斯工区电气设备和作业机械选型和配套、劳动力配备、材料供应计划，结合瓦斯超前探测、揭煤防突、瓦斯排放及设备工效降低等影响因素制订施工进度计划。

**8.1.2** 瓦斯隧道施工的电气、瓦斯检测、通风及作业机械等设备宜按瓦斯工区段瓦斯地层的最高类别的要求配置。当瓦斯工区施工完成后，经检测评定确认后续施工区段为非瓦斯工区时，设备可作调整。

**条文说明：**

瓦斯隧道瓦斯工区与非瓦斯工区是动态调整变化的，为避免施工设备频繁调整影响施工安全、增加施工管理难度和工程费用，故提出本规定。考虑到瓦斯运移、二次衬砌封闭和设备调整的时间，提出本条要求。

**8.1.3** 微瓦斯工区和低瓦斯工区隧道洞内通风风速不应小于 0.25 m/s，高瓦斯工区和煤（岩）与瓦斯突出工区隧道洞内通风风速不应小于 0.5 m/s。

**条文说明：**

瓦斯工区隧道通风风速是参照《煤矿安全规程》（2011）第一百零三条的规定制定的，并综合考虑了本规程的 5.0.2 条的瓦斯工区与瓦斯地层类别判定指标的确定。

**8.1.4** 瓦斯工区施工过程中应按附录 F 实测瓦斯浓度和通风量，计算绝对瓦斯涌出量，校正瓦斯工区类别；当穿越煤层时宜对煤层取样试验，并按附录 E 计算分析绝对瓦斯涌出量，校核瓦斯地层类别。

**8.1.5** 在具有煤层自燃倾向性和煤尘爆炸性的煤层中施工时，应采取湿式钻眼、水炮泥封孔，爆破前后及挖掘、装载、运输等产尘环节，应加强通风和洒水等综合防尘、降尘措施。崩落的煤或含煤矸石，不得作为路基填料使用。

**8.1.6** 瓦斯工区隧道施工宜采用光面爆破，控制超欠挖，当围岩软弱时可采用机械开挖，应及时喷混凝土封闭围岩以减少瓦斯逸出。

**8.1.7** 瓦斯工区防水板铺设后应及时施作二次衬砌，二次衬砌距掌子面的距离不得超过 70 m。

条文说明：

由于防水板背后容易形成瓦斯积聚，造成安全隐患，所以提出防水板铺设时机的要求。考虑到二次衬砌的封闭能有效减少地层瓦斯逸出，同时煤系地层地质条件普遍较差，二次衬砌及时施作也有利于控制隧道坍塌变形，所以提出二次衬砌与掌子面的距离要求。

## 8.2 超前预测预报

**8.2.1** 瓦斯隧道超前地质预测预报方法主要包括地质调查、物探、超前钻探和实验检测等。

条文说明：

地质调查指施工前隧道地质勘察资料的复查，施工中地质记录和对比分析。穿越含瓦斯地层时需要在隧道内进一步采取超前预测预报工作，对揭露的瓦斯地层取样复测瓦斯含量和其他有关参数，核对瓦斯地层类别和煤层参数。

**8.2.2** 高瓦斯地层、煤（岩）与瓦斯突出地层必须采用超前钻孔进行探测，超前钻孔不少于3个；微瓦斯地层、低瓦斯地层可采用超前钻孔进行探测，超前钻孔可布置1~3个。若超前钻孔为1个时应布置在掌子面的中部，3个孔钻时应分别布置在掌子面的上部及左右侧。

**8.2.3** 超前钻探应在距煤层垂距20 m的位置进行初探，钻孔数不小于1个。在距煤层垂距10 m的位置再次探测，钻孔数不少于3个，应选择其中一个孔采取取芯钻进并进行地质编录、钻孔内瓦斯浓度、瓦斯压力的检测。

**条文说明：**
超前钻孔布置同本规程8.2.2条。

**8.2.4** 超前钻孔应符合下列规定：
——钻机应采用防爆型钻机。
——钻孔作业时，应对工作区域进行实时瓦斯监测，瓦斯浓度应小于1.0%。
——钻孔直径不宜小于65 mm，钻孔深度不宜小于

50 m，前后两循环钻孔搭接长度不小于 5 m。

——钻孔过程中应观察记录孔口排出的浆液、煤屑变化情况、喷孔和顶钻等信息。

——每个超前钻孔结束后均应及时整理钻孔原始记录表和成果图。

**8.2.5** 超前钻孔过程中出现顶钻、喷孔等瓦斯动力现象时，应按揭煤防突的要求进行超前探测和试验检测。

## 8.3 钻爆作业

**8.3.1** 瓦斯工区钻爆作业必须执行"一炮三检制"和"三人连锁放炮制"。

**条文说明：**

本条规定主要参考《煤矿安全规程》(2011)，"一炮三检制"指在装药前、放炮前和放炮后，由专职瓦检员或瓦斯检查工检测瓦斯浓度情况以确保爆破作业安全。"三人连锁放炮制"指瓦检员检测时，放炮员、瓦检员及生产班组长应同时在场，由瓦检员检查开挖工作面 20 m 范围内的瓦斯浓度并填写一炮三检记录。

**8.3.2** 微瓦斯工区的爆破器材可采用常规爆破器材。低瓦斯工区、高瓦斯工区及煤（岩）与瓦斯突出工区使用的爆破器材应满足下列要求：

——炸药

• 低瓦斯工区应使用安全等级不低于二级的煤矿许用炸药。

• 高瓦斯工区、煤（岩）与瓦斯突出工区应使用安全等级不低于三级的煤矿许用炸药。

• 严禁使用黑火药和冻结或半冻结的硝酸甘油类炸药，同一工作面不得使用两种不同品种的炸药。

——雷管

• 应使用煤矿许用瞬发电雷管或煤矿许用毫秒延期电雷管。

• 选用煤矿许用毫秒延期电雷管时，最后一段延期时间不得超过 130 ms，不可跳段使用。

• 不应混合使用不同厂家生产的或不同品种的电雷管。

——起爆器

- 应采用电力起爆。
- 应选用防爆型起爆器作为起爆电源。
- 一个开挖工作面不应同时使用两台以上起爆器起爆。

——起爆母线

- 应采用具有良好绝缘和柔顺性的铜芯电缆，严禁用裸线或铝线芯代替。
- 母线应采用单回路。

**条文说明：**

本条规定主要参考《煤矿安全规程》(2011)第三百二十条、第三百二十一条和第三百二十二条。煤矿许用炸药在爆炸时爆炸物本身温度较低，在许用炸药中加入的"消焰剂"能抑制爆炸物火焰，不发生燃烧。

**8.3.3** 瓦斯工区钻孔作业应遵守下列规定：

——开挖工作面附近 20 m 风流中瓦斯浓度小于 1.0%；

——采用湿式钻孔；

——炮眼深度不小于 0.6 m；

——移挪钻机时，切断电源，严禁带电作业。

**条文说明：**

本条主要参照《煤矿安全规程》(2011)第三百二十九条、第三百三十一条规定。

**8.3.4** 瓦斯工区装药和爆破作业应符合下列规定：

——爆破地点 20 m 内，风流中瓦斯浓度小于 1.0%。

——爆破地点 20 m 内，各类施工机具设备、碎石、煤渣、材料等堵塞开挖断面不大于 1/3。

——开挖工作面风量足、风向稳定，局部通风机无循环风。

——炮孔内无温高温低等异状，无明显瓦斯逸出、煤岩松动等情况。

——装药前清除炮眼内的煤粉或岩粉。

——雷管必须全部插入药卷内，插入药卷后，必须用脚线将药卷缠住，并将电雷管脚线扭结成短路。

——高瓦斯工区和煤（岩）与瓦斯突出工区在煤层中严禁采用反向装药。

——炮眼内的各药卷应彼此密接，有水的炮眼，应使用抗水型炸药。

——装药后,电雷管脚线应悬空,严禁电雷管脚线、爆破母线与运输设备、电气设备等导电体接触。

**条文说明:**

该条主要参照《煤矿安全规程》(2011)第三百二十六条、第三百二十七条的规定。

**8.3.5** 瓦斯工区炮眼封泥应采用水炮泥(水袋),水炮泥外剩余的炮眼部分应用黏土炮泥或可塑性较好的不燃材料填塞封实,严禁用煤粉、块状材料或其他可燃性材料作为炮眼封泥。炮眼封泥长度应符合下列要求:

——炮眼深度为 0.6~1.0 m 时,封泥长度不得小于炮眼深度的 1/2。

——炮眼深度在 1.0~2.5 m 时,封泥长度不得小于 0.5 m。

——炮孔深度超过 2.5 m 时,封泥长度不应小于 1.0 m。

——光面爆破周边眼应用炮泥封实,且封泥长度不得小于 0.3 m。

**条文说明:**

该条参照《煤矿安全规程》(2011)第三百二十八条、

第三百二十九条规定。

**8.3.6** 瓦斯工区爆破网路和连线应符合下列要求：

——采用串联连接方式。放炮母线、连接线和雷管脚线之间的所有连接接头应相互扭结牢固，明线部分应包覆绝缘层并悬空。

——爆破母线与电缆、电线、信号线应分别挂在隧道的两侧。若必须挂在同一侧时，母线应挂在电缆下方，并保持 0.3 m 以上的距离。

——母线应随用随挂，严禁将其固定，母线长度必须大于规定的爆破安全距离。

——严禁在同一串联网路中使用瞬发电雷管与毫秒电雷管。

——爆破前，放炮母线拉至规定放炮地点后，爆破工应用电爆网路全电阻测试仪检查电爆网路的全电阻值。

## 8.4 瓦斯检测

**8.4.1** 高瓦斯工区和煤（岩）与瓦斯突出工区应采用

自动监控报警系统与人工检测相结合的方式，低瓦斯工区宜采用自动监控报警系统与人工检测相结合的方式，微瓦斯可采用人工检测的方式。

**8.4.2** 专职瓦检员的瓦斯检测仪器、仪表应符合下列规定：

——高瓦斯工区、煤（岩）与瓦斯突出工区应同时配备低浓度光干涉式甲烷测定器和高浓度光干涉式甲烷测定器。

——非瓦斯工区、微瓦斯工区、低瓦斯工区应配备低浓度光干涉式甲烷测定器。

——当地层富含 $H_2S$、$CO$、$N_2$、$NO_2$、$NH_3$ 等有害气体时，应配备相应的气体测定器。

**8.4.3** 洞内工程技术人员、班组长、安全员、特殊工种等主要管理人员进入瓦斯工区应配备便携式甲烷报警仪。

**8.4.4** 人工瓦斯巡检地点应包括：

——隧道内各工作面，如掌子面、仰拱及二次衬砌等作业面。

——爆破地点附近 20 m 内风流中。

——瓦斯易发生积聚处，如拱顶、脚手架顶、台车附近、塌腔区、超挖凹腔、断面变化处、联络通道及预留洞室等风流不易到达的位置。

——过煤层、断层破碎带、裂隙带及瓦斯异常涌出点。

——隧道内可能产生火源的地点，如局部通风机、电机、变压器、电气开关附近、电缆接头等。

——其他通风死角处。

8.4.5 隧道工作面及回风流的瓦斯检测测点半断面不少于 4 个、全断面不少于 6 个，测点距离周边轮廓线 25 cm，具体测点按附录 F 布置。

8.4.6 人工巡检频率应符合下列规定：

——微瓦斯工区、低瓦斯工区不少于 1 次/4 h，高瓦斯工区不少于 1 次/2 h。

——高瓦斯工区和煤（岩）与瓦斯突出工区开挖工作面及瓦斯涌出量较大、变化异常区域，应设专人随时检测瓦斯浓度。

——瓦斯工区内在进行钻孔作业、塌腔及采空区处治和焊接动火时，专职瓦检员应跟班作业，随时检测瓦斯。

**8.4.7** 瓦斯工区的开挖工作面及台车位置的拱顶部位应悬挂便携式甲烷报警仪，随时检测瓦斯浓度。

**8.4.8** 瓦斯自动监控报警系统应能实时监测瓦斯浓度，设备及安装要求可参照附录K，其功能应满足下列要求：

——断电状态和馈电状态具有监测、报警、显示、存储和打印报表功能。

——可实现风、瓦斯、电的闭锁功能。

——瓦斯浓度超过要求时，自动切断超限区的电源后，自动监控报警系统仍可正常工作。

——自动监测传感器悬挂位置应能反映风流中瓦斯的最高浓度。

## 8.5 施工通风

**8.5.1** 瓦斯工区的施工通风方式的确定应综合考虑

瓦斯工区类别、隧道断面和通风长度等因素，微瓦斯工区、低瓦斯工区可采用压入式通风，高瓦斯工区和煤（岩）与瓦斯突出工区通风长度大于2km时宜采用巷道式通风。

**8.5.2** 瓦斯工区施工通风需风量应按照爆破排烟、工作的最多人数、作业机械、最小风速及稀释瓦斯涌出量分别计算，取其中的最大值。

**条文说明：**
瓦斯工区最小风速取值见本规程8.1.3条。

**8.5.3** 根据绝对瓦斯涌出量计算需风量可按式（8.5.3）计算，风量应能将洞内各处瓦斯浓度稀释到0.5%以下。

$$Q_{\text{req(CH}_4)} = \frac{60 Q_{\text{CH}_4} \cdot \alpha}{B_{\text{g设}} - B_{\text{g送}}} \tag{8.5.3}$$

式中：$Q_{\text{req(CH}_4)}$——稀释瓦斯所需风量（m³/min）；

$\alpha$——瓦斯涌出的不均衡系数，1.5~2.0；

$B_{\text{g设}}$——隧道内瓦斯设计浓度；

$B_{\text{g送}}$——送入风的瓦斯浓度；

$Q_{CH_4}$ ——隧道内单位时间瓦斯涌出量（m³/s）。

**条文说明：**

参考抚顺煤炭研究分院瓦斯涌出的不均衡系数取1.6。

**8.5.4** 瓦斯工区两个开挖工作面之间禁止串联通风。

**条文说明：**

本条规定主要因为将一个工作面含有瓦斯的气体引排至其他工作面，会扩大瓦斯分布范围，增加安全隐患。

**8.5.5** 瓦斯易积聚处应实施局部通风，消除瓦斯积聚的风速应不小于1.0 m/s。

**条文说明：**

采用局部通风机、气动风机、空气引射器等设备进行局部通风，目的就是不使瓦斯形成停留区域。

**8.5.6** 隧道通风设备的布置及安装应满足以下规定：

——洞外通风机必须设在洞外新鲜风流中。洞内送风的轴流风机应布设在进风巷道的新鲜风流中，风机距回风排污口的距离大于30 m。

——必须有一套同等性能的备用通风机,并保持良好的使用状态,备用通风机应能在 15 min 内启动。

——通风机应设两路电源,并装设风电闭锁装置,当一路电源停止供电时,另一路应在 15 min 内接通。

——低瓦斯工区、高瓦斯工区及煤(岩)与瓦斯突出工区内使用的局部通风机、射流风机均应采用防爆型,应实行"三专供电"和"两闭锁"。

——瓦斯工区应采用抗静电、阻燃的风管,风管直径不宜小于 1.2 m。风管出风口到开挖工作面的距离应小于 10 m,风管安装必须平顺,接头严密,百米平均漏风率不大于 2%。

**条文说明:**

"三专供电"指专用变压器、专用开关、专用线路,"两闭锁"指风电闭锁和瓦电闭锁。

**8.5.7** 瓦斯工区日常通风检查应包括以下内容:

——各作业面风速是否满足最小风速的规定。

——风速、风量是否能满足工区内各作业点稀释瓦斯的要求。

——瓦斯易积聚处采取的防止瓦斯积聚措施是否有效。

——风管安装是否规范。

**8.5.8** 瓦斯工区应定期对隧道通风进行全面检测,内容包括通风的风速、风量、风管漏风率等,具体检测方法可参照附录F。

**8.5.9** 瓦斯工区通风检测的频率应满足下列要求:

——每班通风检查次数应不小于1次。

——每10天进行1次全面检测。

——通风方式改变或延长压入式风管100 m后,应立即组织一次全面检测。

——对开挖工作面等用风地点,应根据实际需要随时检测风速。

**条文说明:**

瓦斯隧道施工期间根据瓦斯浓度检测和测风结果采取措施,进行风量调节。

**8.5.10** 高瓦斯工区和煤(岩)与瓦斯突出工区放炮后应通风30 min,微瓦斯工区和低瓦斯工区放炮后应通风

15 min，再由瓦检员、放炮员、安全员进洞巡视爆破地点，当按规定时间不能将开挖作业面瓦斯浓度稀释到规定值以下时，应提高风速、增大风量、延长通风时间或采取钻孔预排放瓦斯措施。

**8.5.11** 瓦斯隧道相向掘进工作面在相距 50 m 时，必须停止并封闭一个掘进工作面，做好风流调整的准备工作。贯通后，应调整通风系统，检测瓦斯浓度，待风流稳定且瓦斯浓度低于 0.5% 后方可恢复施工。

**8.5.12** 采用巷道式通风时，除用作通风联络道的横通道外，其他横通道应及时封闭。运输用的横通道应设两道双向风门，防止风流短路。

## 8.6 电气设备

**8.6.1** 不同类别瓦斯工区的洞内电气设备应按表 8.6.1 选用。

表 8.6.1 瓦斯工区洞内电气设备选用

| 设备 | 瓦斯工区 | | |
|---|---|---|---|
| | 非瓦斯工区、微瓦斯工区 | 低瓦斯工区 | 高瓦斯工区、煤（岩）与瓦斯突出工区 |
| 高低压电机和电气设备 | 普通型 | 矿用一般型 | 矿用防爆型 |
| 照明灯具 | | | |
| 通信、自动化装置和仪表、仪器 | | | |
| 电缆、电缆连接及敷设等 | 不采取防爆措施 | 采取防爆措施 | 采取防爆措施 |

**8.6.2** 瓦斯工区内各级配电电压和各种机电设备额定电压等级应符合下列规定：

——高压不大于 10 000 V，低压不大于 1140 V。

——照明、信号、电话和手持式电气设备的供电额定电压，微瓦斯、低瓦斯工区不应大于 220 V，高瓦斯工区、煤（岩）与瓦斯突出工区不超过 127 V。

——远距离控制线路的额定电压不超过 36 V。

**8.6.3** 瓦斯隧道供电应符合下列规定：

——高瓦斯工区和煤（岩）与瓦斯突出工区供电应配置两路电源，且任一路电源线上均不得分接隧道以外的任何负荷。应至少配备满足一级负荷供电的可靠备用电源，并在公用电网断电 10 min 钟内启动，保证隧道通风、照明和自动监控系统等一级负荷供电。

——严禁瓦斯工区内的配电变压器中性点直接接地。严禁由洞外中性点直接接地的变压器或发电机直接向瓦斯工区内供电。

——隧道内严禁使用油浸式高低压电气设备（油断路器、带油的起动器和一次线圈为低压的油浸变压器）。

——电气设备均不应大于额定值运行。隧道内高压电网单相接地电容电流不超过 20 A。

——向隧道内供电的高、低压馈电线上严禁装设自动重合闸装置。手动合闸时，应和工区内联系确认后方可人工合闸供电。

——隧道内使用的局部通风机和开挖工作面附近使用的电气设备，必须装设风电闭锁装置。当局部通风机停止运转时，应立即自动切断局部通风机供风区段的一切电源。

——容易碰到的、裸露的电气设备及机械外露的转动和传动部分，必须加装护罩或遮栏等防护设施。

**8.6.4** 洞内照明供电与照明灯具的选用，应符合下列规定：

——供电应采用动照分供法，照明供电应从洞外或洞内低压变压器专用电缆单独引出。

——分路动力开关与照明开关应分别设置，照明线路接线应接在动力开关的上侧。

——照明电压：工作面、防水板铺设和二次衬砌施工等作业平台处及未施作二次衬砌地段的移动照明，均应采用具有短路、过载和漏电保护的照明信号综合保护装置（集干式变压器和开关为一体），电压不大于127 V（潮湿等特定条件 36 V），用分支专用电缆、防爆接线盒接入防爆照明灯具。

——固定照明灯具的选用，应符合下列规定：

● 采用压入式通风时，已施作二次衬砌地段的固定照明灯具，采用 Exd Ⅱ 型防爆照明灯；开挖工作面附近、未施作二次衬砌地段的移动照明灯具，采用 Exd Ⅰ 型矿用防爆照明灯。

- 采用巷道式通风时，进风巷道已施作二次衬砌地段采用 Exd Ⅱ型防爆照明灯，开挖工作面附近、未施作二次衬砌地段及回风巷道内的照明灯具，采用 Exd Ⅰ型矿用防爆照明灯。

——移动照明灯具的选用，应符合下列规定：
- 移动照明使用矿灯，并配置专用矿灯充电装置。
- 对洞内工作面开挖支护、仰拱施作、防水板铺设及二次衬砌浇筑等工序作业照明亮度要求较高处，可配置移动隔爆型投光灯。

**8.6.5** 电缆的选用应符合下列规定：

——应根据作业环境条件严格选用。

——电缆应采用铜芯，严禁采用铝芯电缆。

——应带有保护接地专用的足够截面的导体。

——主线芯的截面应满足供电线路负荷及末端电压降不大于 10%的要求。

——选用取得矿用产品安全标志的阻燃电缆。

**8.6.6** 高压电缆的选用应符合下列规定：

——对固定敷设的高压电缆：

• 在竖井或倾角为 45°及其以上斜井内，应采用聚氯乙烯绝缘粗钢丝铠装聚氯乙烯护套电力电缆、交联聚乙烯绝缘粗钢丝铠装聚氯乙烯护套电力电缆。

• 在平行导坑或倾角 45°以下的斜井内，应采用聚氯乙烯绝缘钢带或细钢丝铠装聚氯乙烯护套电力电缆、交联聚乙烯钢带或细钢丝铠装聚氯乙烯护套电力电缆。

——非固定敷设的高压电缆，必须采用符合 MT818 标准的橡套软电缆。

8.6.7 低压动力电缆的选用应符合下列规定：

——固定敷设的低压电缆，应采用 MVV（矿用聚氯乙烯绝缘聚氯乙烯护套）铠装、非铠电缆或对应电压等级的移动橡套软电缆。

——非固定敷设的低压电缆，必须采用符合 MT818 标准的橡套软电缆。移动式和手持式电气设备应使用专用阻燃橡套电缆。

——掌子面的电缆严禁采用铝芯，必须采用铜芯橡套软电缆。

——固定敷设的照明、通信、信号和控制用的电缆，应采用铠装或非铠装通信电缆、橡套电缆或 MVV 型塑力缆（塑料绝缘电力电缆）。

**8.6.8** 电缆的固定敷设应符合下列规定：

——电缆应悬挂。电缆悬挂点间的距离，在竖井内不得大于 6 m，在正洞、平行导坑或斜井内不得大于 3 m。

——电缆不应与风、水管敷设在同一侧，当受条件限制需敷设在同一侧时，必须敷设在管子的上方，其间距应大于 0.3 m。

——通信和信号电缆应与电力电缆分挂在隧道两侧，如果受条件所限，竖井内，应敷设在距电力电缆 0.3 m 以外的地方；在正洞或平行导坑内，应敷设在电力电缆上方 0.1 m 以上的地方。

——高、低压电力电缆敷设在同一侧时，其间距应大于 0.2 m。高压与高压、低压与低压电缆间的距离不得小于 0.05 m。

**8.6.9** 电缆的连接应满足下列要求：

——低瓦斯工区、高瓦斯工区、煤（岩）与瓦斯突出工区内电缆连接使用的接线器和接线盒必须采用防爆型。

——电缆同电气设备的连接，必须用同电气设备性能相符的接线盒；电缆芯线必须使用齿形压线板或线鼻子与电气设备连接。

——不同型电缆之间严禁直接连接，必须经过符合要求的接线盒、连接器或母线盒进行连接。

——同型电缆之间直接连接时必须遵守下列规定：

• 橡套电缆的修补连接（包括绝缘、护套已损坏的橡套电缆的修补）应采用阻燃材料进行硫化热补或与热补有同等效能的冷补，并应进行水耐压试验。

• 塑料电缆连接处的机械强度以及电气、防潮密封、老化等性能，应符合该型电缆的技术标准要求。

**8.6.10** 隧道内低压馈电线路上装设的漏电保护装置应符合下列规定：

——配电系统应按三级配电两级保护的原则，总配电箱至开关箱设置两级检漏继电器。两级检漏继电器的额定漏电动作电流和额定漏电动作时间应作合理配合，使之具有分级保护的功能。

——检漏继电器应分别装设在总电源断路器和分路开关的负荷侧。

——洞内所有电气设备控制必须装设漏电保护开关,其动作特性应根据电气设备的不同使用环境,选用适当的漏电动作电流。

——检漏电继电器和漏电保护开关安装完毕后,应按规定做人工漏电跳闸试验,如不跳闸,应切断电源做全面检查,合格后方可投入使用。

——洞内使用的检漏电继电器和漏电保护开关必须采用防爆型。

**8.6.11** 隧道内电压在 36 V 以上和可能带有危险电压的电气设备的金属外壳、构架,铠装电缆的钢带(或钢丝)、屏蔽护套等应保护接地。保护接地应符合以下规定:

——隧道内电气设备严禁接零,保护接地装置应与主接地极连接成 1 个独立的接地网。

——接地网上任一保护接地点的接地电阻值不得超过 2 Ω。每一移动式和手持式电气设备与接地网间的保护接地,所用的电缆芯线和接地连接导线的电阻值，不得超过 1 Ω。

——主接地极应在洞口或洞内集水沟处专门埋设。主接地极应用耐腐蚀的镀锌钢板制成，其面积不得小于 0.75 m$^2$，厚度不得小于 5 mm。

——各保护接地装置与主接地极之间的接地母线，应采用截面不小于 50 mm$^2$ 的专用黄/绿双色 PE 铜芯接地线。

——电气设备的外壳等与接地母线的连接，应采用截面不小于 25 mm$^2$ 的 PE 铜芯接地线。

——专用保护接地线不允许断线，且不允许安装任何开关或熔断器。

——洞外地面变电所高压馈电线上必须装设有选择性的单相接地保护装置；供洞内移动变电站的高压馈电线严禁单相接地运行，必须装设有选择性的动作于跳闸的单相接地保护装置上。当发生单相接地时，应立即切断电源。洞内低压馈电线上，必须装设能自动切断漏电线路的检漏保护装置或有选择性漏电保护装置。

**8.6.12** 避雷接地措施应满足下列要求：

——由地面架空线路引入隧道内的供电线路（动力电缆、照明电缆、瓦斯监控信号电缆、通信电缆等），必须在隧道洞口处装设避雷装置。

——由地面直接进入隧道内的轨道和露天架空引入（出）的风、水等管路，必须在隧道洞口处将金属体进行不少于2处的集中接地。

——通信线路必须在隧道洞口处装设熔断器和避雷装置。

## 8.7 作业机械

**8.7.1** 瓦斯工区内作业机械应使用蓄电池电机车或柴油机车，严禁使用汽油机车。

**8.7.2** 微瓦斯工区、低瓦斯工区的作业机械可使用非防爆型，当瓦斯浓度超过0.5%时，应停止作业机械运行。

**8.7.3** 高瓦斯工区和煤（岩）与瓦斯突出工区的挖掘机、装载机、运渣车、运输车、混凝土罐车、混凝土泵车等作业机械应采用防爆型，高瓦斯工区可采用安装车载瓦斯自动监控报警与断电系统的防爆装置（安装方法参见附录 L），控制机车熄火，作业环境瓦斯浓度降至 0.5%以下时方可解除锁定，煤（岩）与瓦斯突出工区作业机械应采用矿用整车防爆改装。

# 9 揭煤防突

## 9.1 一般规定

**9.1.1** 具有煤（岩）与瓦斯突出危险的隧道，应编制揭煤防突专项设计。

条文说明：

专项设计内容包括：揭煤作业各阶段施工方法、支护措施、通风方式、"四位一体"综合防突措施、组织措施、安全管理措施、应急救援预案等。

**9.1.2** 揭穿具有煤（岩）与瓦斯突出危险的地层时，应严格按照"四位一体"综合防突措施要求组织实施。揭煤防突工作流程可参照图 9.1.2 进行。

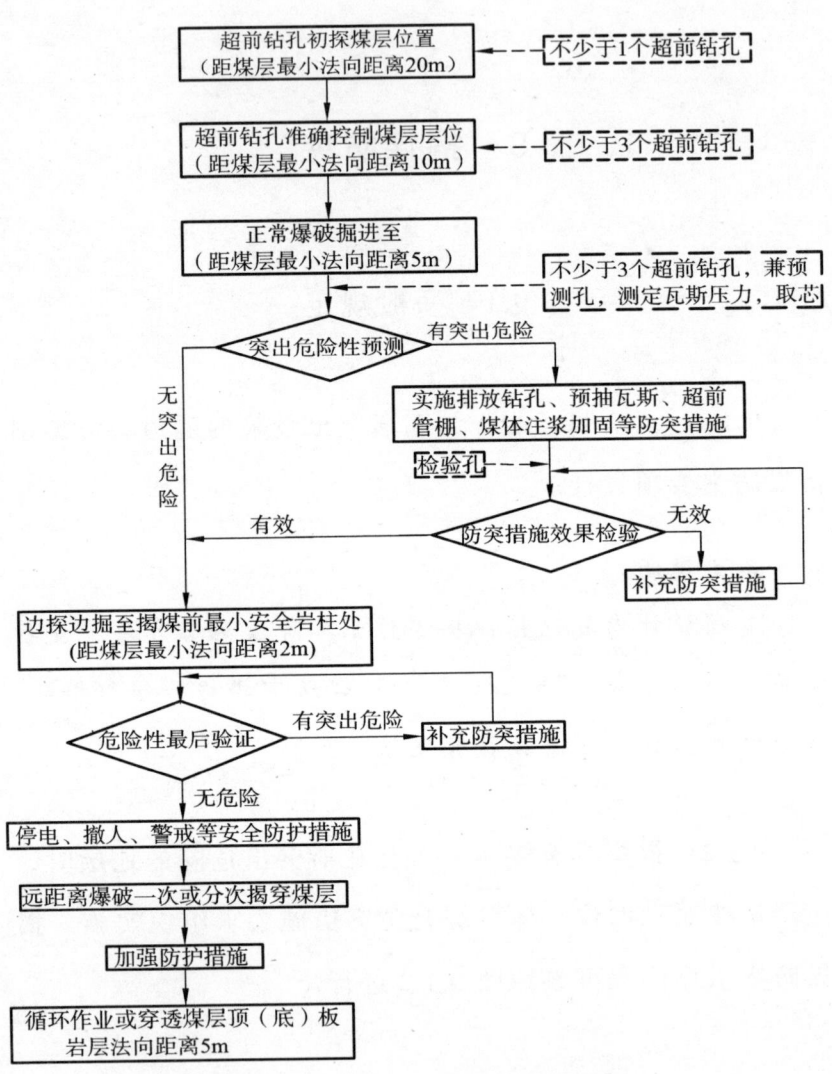

图 9.1.2 揭煤防突工作流程图

**条文说明：**

隧道工作面采取"四位一体"综合防突措施是为安全揭穿突出煤（岩）层，具体内容为：突出危险性预测、防治突出措施、防治突出措施效果检验以及安全防护措施。

**9.1.3** 隧道开挖工作面从距突出煤（岩）层最小法向距离 10 m 开始到穿过煤（岩）层进入顶（底）板最小法向距离 5 m 的过程，均属于揭煤作业。

**条文说明：**

《防治煤与瓦斯突出规定》（2009 年版）第六十二条规定了揭煤作业过程及程序，鉴于公路隧道分部开挖断面比煤矿巷道大，在煤岩破碎段落开挖稳定性差，容易发生地应力与瓦斯动力突出，本规定结合公路隧道特点，适当加大了接近和离开煤层的最小法向距离。

**9.1.4** 煤（岩）与瓦斯突出地层在进行超前探测、突出危险性预测、防突措施及防突措施效果检验过程中，应停止其他与防突工作无关的作业。

**9.1.5** 穿越煤（岩）与瓦斯突出煤层时瓦检员应随时

检测瓦斯，观察并掌握突出预兆，当发现瓦斯突出预兆时，瓦检员有权发出停工、撤人和断电指令。

**9.1.6** 在具有煤（岩）与瓦斯突出危险工区施工时，任意两个相向开挖掌子面距离不应小于 100 m，同向（相邻）开挖掌子面距离不应小于 50 m。

**条文说明：**

公路隧道一般均存在进出口相向施工，同时高速公路隧道左右洞横向间距一般较小，左右洞也会同向施工，为避免开挖工作面距离太近时相互影响，防止塌方及诱发突出，本条提出在煤（岩）与瓦斯突出工区相向或同向掘进时的最小施工安全距离。

## 9.2 突出煤层超前探测

**9.2.1** 在有煤（岩）与瓦斯突出危险性的地层中施工时，应进行隧道地质素描，加强地质分析和预测预报工作。

**9.2.2** 接近突出煤层前，应对煤层进行超前探测，准确控制煤层层位，掌握其赋存位置和形态。

**9.2.3** 突出煤层超前探孔应符合下列规定：

——接近突出煤层前，在距煤层最小法向距离 20 m 位置的开挖工作面初探煤层位置，钻孔数量不少于 1 个。

——在距初探煤层最小法向距离 10 m 位置的开挖工作面处，应准确探测开挖工作面前方及周边煤层分布位置，钻孔数量不少于 3 个，分别布置在隧道的上部及左右侧。

——超前探孔应穿透煤层（或煤组）全厚且进入顶（底）板不小于 0.5 m，钻孔直径不宜小于 76 mm，对煤层取样时煤层中应干钻。

——应观察并记录探孔过程中的瓦斯动力现象、孔口排出的浆液、煤屑变化情况。

——应记录岩芯资料和瓦斯压力，按各孔见煤、出煤点确切位置，以计算煤层的厚度、倾角、走向及与隧道的相对位置关系，并分析煤层顶、底板岩性及地质构造。

## 9.3 揭煤前突出危险性预测

**9.3.1** 煤（岩）与瓦斯突出工区煤层突出危险性预测工作应在距突出煤层最小法向距离 5 m 前进行。超前预测孔的数量不少于 3 个。

**条文说明：**

参照《防治煤与瓦斯突出规定》（2009 年版）第六十三条规定。

**9.3.2** 开挖工作面煤（岩）与瓦斯突出危险性预测应从下列方法中选择两种方法，相互验证，且宜选用便于现场操作实施的方法进行。

——瓦斯压力法（附录 A）

——钻屑指标法（附录 G）

——综合指数法（附录 H）

——$R$ 值指标法（附录 I）

——钻孔瓦斯涌出初速度法（附录 J）

**条文说明：**

危险性预测优先选择瓦斯压力法（或瓦斯含量法）、综合指标法。瓦斯含量法参照 GB/T 23250《煤层瓦斯含量井下直接测定方法》执行。

**9.3.3** 开挖工作面突出危险性预测方法中有任何一项指标超过临界指标，该工作面即为突出危险工作面。预测临界指标值应根据当地煤矿的实测临界指标值确定，无当地煤矿的实测临界指标值时，可参照表 9.3.3 中所列突出危险性临界值。

表 9.3.3　突出危险性预测指标临界值

| 预测指标 | 瓦斯压力(MPa) | 瓦斯含量($m^3/t$) | 综合指标 | | | | 钻屑瓦斯解吸指标 | | | | $R$值指标 | 钻孔瓦斯涌出初速度(L/min) |
|---|---|---|---|---|---|---|---|---|---|---|---|---|
| | | | $D$ | $K$ | | | $\Delta h_2$ 指标临界值(Pa) | | $K_1$ 指标临界值 [mL/(g·$min^{1/2}$)] | | | |
| | | | | 无烟煤 | 其他煤种 | | 干煤样 | 湿煤样 | 干煤样 | 湿煤样 | | |
| 临界值 | 0.74 | 8 | 0.25 | 20 | 15 | | 200 | 160 | 0.5 | 0.4 | 6 | 5 |

**条文说明：**

本表引自《防治煤与瓦斯突出规定》(2009 版)。钻屑瓦斯解吸指标中的 $\Delta h_2$ 和 $K_1$ 两个指标任选其一即可。

**9.3.4** 钻孔过程中出现明显顶钻、夹钻、喷孔等动力现象时，应视该开挖工作面为突出危险工作面。

## 9.4 防治煤（岩）与瓦斯突出措施

**9.4.1** 防突措施应在距突出煤层最小法向距离 5 m 前的位置进行。

**9.4.2** 防治煤（岩）与瓦斯突出工程措施包括排放钻孔、预抽瓦斯、超前管棚、煤体注浆加固或其他经试验证明有效的措施。

**9.4.3** 防治煤（岩）与瓦斯突出措施宜优先采用钻孔排放。

**条文说明：**

对于突出厚煤层、煤层群或低透气性煤层而言，预抽瓦斯效果并不理想，需要采取诸多辅助增透技术，通常瓦斯抽采率随着绝对瓦斯涌出量的增大而提高。根据《煤矿瓦斯抽采基本指标》（AQ 1026）要求，当绝对瓦斯涌出量处于较低水平（5~20 m³/min）时，工作面抽采率仅为20%~30%，大量瓦斯仍需通过风排解决。南昆铁路家竹箐隧道对瓦斯突出地层使用了钻孔抽放和钻孔排放，经综合比较后，钻孔抽放较钻孔排放在排放时间、排放效果等方面并无较大优势，但钻孔抽放需要设置专门的抽放设备，工程费用较大，且抽放工艺流程较复杂，所以家竹箐隧道后期主要采用钻孔排放。

**9.4.4** 钻孔排放瓦斯应遵守下列规定：

——应对具有煤（岩）与瓦斯突出地层的钻孔排放瓦斯进行设计。设计内容主要包括：煤层赋存状况、煤层参数、预测时的各项指标、排放范围、钻孔排放半径、排放时间、排放孔个数、每孔长度和角度、排放孔施工及排放期间的安全措施等。

——排放时间、排放半径应根据煤层参数、预测指标等综合分析确定，排放孔的角度、长度、排放孔个数应根据煤层赋存状况、排放范围和排放半径计算确定。具体排放范围及排放孔角度可参照表 9.4.4 取值。

表 9.4.4 钻孔排放参数值

| 距开挖轮廓的排放范围（m） | | | | 排放半径（m） | 排放时间（d） | 排放孔角度（°） | | |
|---|---|---|---|---|---|---|---|---|
| 左 | 右 | 上 | 下 | | | 水平角 | 仰角 | 俯角 |
| ≥5 | ≥5 | >5~7 | ≥3 | 1~2 | 15~30 视瓦斯参数确定 | 0~90 | 0~45 | 0~20 |

——排放孔直径一般为 75~120 mm，各孔应穿透煤层，并进入顶（底）板岩层不小于 0.5 m。当煤层倾角小、煤层厚，不能一次打穿煤层全厚时，可采用分段分部多次排放，但首次排放钻孔宜进入煤层深度 5~10 m。

——排放孔施工前应加强排放工作面及已开挖段的支护，防止坍塌造成瓦斯突出。

——排放孔施工应严格按设计施钻，钻孔过程中应有专人检查验收其角度和长度。

——排放孔施工过程中应注意观察各种异常情况及动力现象。当某孔施工中动力现象严重，可暂停该孔施工，待其他孔施工完后再补钻该孔。

——每钻完一个孔应检测该孔瓦斯涌出量，以后每天进行2次,计算衰减系数,掌握排放效果和修正排放时间。

——揭穿突出煤层采用上下台阶法开挖时,可利用上台阶底部打俯角孔排放下台阶的部分瓦斯,每排排放钻孔连线应与煤层走向平行。

**9.4.5** 煤(岩)与瓦斯突出工区钻孔排放瓦斯过程中,应加强工作面风流及回风道风流中瓦斯浓度检测,当排放工作面瓦斯浓度达到1.5%,应立即撤出人员,切断电源,加强通风。

## 9.5 防突措施效果检验

**9.5.1** 每次采取防突措施实施后,均应在同一位置进行效果检验,以确认防突措施是否有效。当掘进至距煤层最小法向距离2 m的位置时应再次对防突措施效果进行检验验证。

**9.5.2** 防突措施效果检验孔数不应少于3个,当采用全断面一次性排放时,检验孔数不宜小于5个,检验孔的深度不应大于防突措施钻孔。

**9.5.3** 检验钻孔应布置在防突措施钻孔密度相对较小、孔间距相对较大的位置，并远离周围各种防突措施钻孔或与各种钻孔保持等距离。

**条文说明：**

地质构造复杂地带根据情况适当增加检验钻孔。采用分段、分部、分次进行瓦斯排放时，每次仅检验排放范围的排放效果即可。

**9.5.4** 防突措施效果检验的方法应参照本章 9.3 节"揭煤前突出危险性预测"的规定进行，防突措施效果检验指标均小于表 9.3.3 指标临界值，且未发现其他异常情况时，判定为措施有效；当判定为措施无效时，必须采取补充防突措施。

**条文说明：**

防突措施效果检验优先选择瓦斯含量指标和钻屑瓦斯解吸指标。

## 9.6 揭煤与掘进

**9.6.1** 揭煤爆破应满足下列要求：

——隧道开挖工作面揭开具有突出危险性煤层时，应在隧道外起爆。

——应采用洞外远距离爆破，人员躲在专设避险洞、横洞或另外一幅隧道内等安全位置。

——揭煤爆破工作面距煤层的最小垂距为急倾斜煤层 2 m、倾斜和缓倾斜煤层 1.5 m。

**9.6.2** 揭开不同倾角、厚度的煤层宜采用下列方法：

——急倾斜和倾斜的薄煤层（厚度小于 0.3 m），应一次揭穿煤层全厚；

——急倾斜和倾斜的中厚、厚煤层，一次揭煤深度宜为 0.5~1.0 m；

——缓倾斜煤层，应一次揭开最小保护厚度的岩柱。

**9.6.3** 在半岩半煤和全煤层中掘进应符合下列要求：

——揭开具有煤（岩）与瓦斯突出的煤层后，应检验开挖工作面前方煤（岩）与瓦斯突出的危险性，应始终保持工作面前方有 5 m 的超前安全距离。检验时任一指标达到或超过突出危险的临界值时，应采取补充防突措施，直至效果检验有效。

——每次循环进尺不宜超过 1.5 m，在全煤层中爆破掘进时应少钻孔、少装药。

——在半煤半岩中掘进应在岩石炮眼中装药，其总药量应为普通爆破药量的 1/3～1/2，煤层中如煤质坚硬，需爆破时可采用松动爆破。

——软弱破碎围岩或过煤层段，应采用超前支护或预注浆，防止坍塌，引发突出。

9.6.4 揭煤施工过程中只要钻孔存在喷孔、顶钻或其他动力现象时，均应停止施工，采取防突措施并经效果检验有效后方可继续进入下一循环开挖作业。

9.6.5 爆破钻孔前，为防止瓦斯超限，可采用喷射混凝土临时封闭开挖工作面。

## 9.7 安全防护

**9.7.1** 对煤(岩)与瓦斯突出地层钻孔排放瓦斯期间,应提高洞内风速和风量,延长通风时间,回风系统内还应停电撤人。

**9.7.2** 穿越煤(岩)与瓦斯突出地层时,开挖工作面的专职瓦检员应随时检测瓦斯浓度,掌握煤(岩)与瓦斯突出预兆,瓦检员有权停止工作面作业。

**9.7.3** 开挖工作面出现下列煤(岩)与瓦斯突出预兆时,应立即报警,停止工作,撤出人员,切断电源,并上报有关部门采取专门安全措施。

——瓦斯浓度忽大忽小,工作面温度降低,闷人,有异味等。

——开挖工作面地层压力增大,鼓壁,深部岩层或煤层的破裂声明显、响煤炮、掉渣、支护严重变形。

——煤层结构变化明显,层理紊乱,由硬变软,厚度与倾角发生变化,煤由湿变干,光泽暗淡,煤层顶、底板出现断裂、波状起伏等。

——钻孔时有顶钻、顶水、喷孔等动力现象。

**9.7.4** 煤(岩)与瓦斯突出工区在揭穿突出煤层钻爆作业爆破时,应停止洞内一切作业、切断洞内电源、撤出人员,并在洞口实行警戒。

**9.7.5** 采用巷道式通风时,隧道揭穿和过突出煤(岩)层期间,回风流经过的另一条隧道不得进行任何作业,但应保持正常通风。

**9.7.6** 揭煤爆破 30 min 后,救护队员佩戴呼吸机到开挖工作面对爆破效果、瓦斯浓度等进行检查,确认安全后通知送电,开动局部通风机。通风 30 min 后,由专职瓦检人员检测开挖工作面、回风道等位置的瓦斯浓度,当洞内瓦斯浓度小于规定值时,方可通知工地负责人允许施工人员进洞。

**9.7.7** 揭煤时,主风机正常运转,备用主风机及二路电源应保持待启动状态。

**9.7.8** 长度大于 2 000 m 的煤（岩）与瓦斯突出工区，宜利用避车洞或横通道设置避难所，并配置高压供风管、供水、通信设施，足够数量的自救器等。

**9.7.9** 揭煤工作应由揭煤领导小组统一协调指挥。揭煤时救护队员及应急设备在洞口待命，一旦发生险情立即采取救援措施。

# 10 施工安全管理

## 10.1 一般规定

**10.1.1** 瓦斯隧道应按实测瓦斯浓度、风速（风量）进行施工管理，瓦斯工区应按实际瓦斯类别进行动态管理。

**10.1.2** 瓦斯隧道开工前必须对施工作业及管理人员进行安全技术培训。爆破工、电工、瓦检员等特种作业人员必须持证上岗。

**10.1.3** 瓦斯工区应建立专门机构进行瓦斯超前预测、施工通风、瓦斯检测、电气设备与作业机械管理，设置消防设施。

**10.1.4** 瓦斯隧道应制定施工通风、瓦斯检测、施工人员管理等制度,编制事故预防与应急预案,并进行演练。

**条文说明:**

条款中的制度包括施工通风机(主风机、局部通风机)开关制度、瓦斯检测交接班制度、人员进洞管理制度等。

## 10.2 超前预测预报管理

**10.2.1** 穿越瓦斯地层段超前地质钻孔应进行单工序作业。

**条文说明:**

本条规定是为防止超前钻孔瓦斯异常涌出造成灾害。

**10.2.2** 瓦斯地层段超前预测预报过程中必须有一名专职瓦检员全过程跟班作业,并做好瓦斯监测记录。钻孔过程中应加强工作面及回风流中瓦斯浓度检测,当工作面瓦斯浓度达到1.0%时,应立即撤出人员,切断电源,加强通风。

## 10.3 钻爆作业管理

**10.3.1** 瓦斯地层施工钻爆开挖要坚持"多打眼、少装药、短进尺,快喷锚、强支护、勤检测"的原则。

**10.3.2** 瓦斯工区钻孔作业,做到先开水、后开风、再送电,打眼结束后应先关风、后关水、再断电,以降低粉尘,避免产生火花。当作业区内粉尘浓度超标时,应采取喷雾降尘等措施。

**10.3.3** 瓦斯工区爆破作业管理应按以下要求执行:

——爆破前后雷管、炸药数量要及时清点、及时回收入库或交回,并做好爆破记录。

——爆破点 20 m 以内,风流中瓦斯浓度必须小于1.0%,车辆、碎石或其他物体阻塞开挖断面不得大于1/3。

——打眼、装药、封泥和放炮都必须符合瓦斯防爆的有关规定,严禁采用明火放炮。

——装药前清除炮眼内的煤粉或岩粉,不得冲撞或捣实。

——炮眼内的各药卷必须彼此密接，有水的炮眼，应使用抗水型炸药。

——放炮前工作面未装药的钻眼（废眼）必须用黄泥全孔长堵塞。

——应采用远距离放炮，放炮时工区内应停电、撤人。

——爆破后，待工作面的炮烟被吹散，爆破工、瓦检员和班组长必须首先巡视放炮现场，检查通风、瓦斯、煤尘、爆破情况等。如有危险情况，必须立即处理。

**条文说明：**

该条主要参照《煤矿安全规程》（2011）第三百二十七条、第三百四十条规定。

**10.3.4** 发生瓦斯涌出、喷出的异常状况时，应立即停止一切作业、切断电源、加强通风，同时撤出施工人员，对隧道进行警戒，制定抽排瓦斯的具体安全措施

## 10.4 瓦斯检测管理

**10.4.1** 瓦斯工区必须制定并执行瓦斯巡回检测制度、请示报告制度和交接班制度，瓦检员应填写瓦斯检测

班报。每次检查结果必须记入瓦斯检测班报手册和检测地点的记录牌上，并通知现场工作人员。

**10.4.2** 瓦斯浓度超过表 10.4.2 的规定时，瓦检员有权责令现场人员停止工作，并撤到安全地点。

表 10.4.2 隧道内瓦斯浓度限值及超限处理措施

| 序号 | 工区 | 地点 | 限值 | 超限处理措施 |
|---|---|---|---|---|
| 1 | 微瓦斯工区 | 任意处 | 0.3% | 查明原因，加强通风监测 |
| 2 | 低瓦斯工区 | 任意处 | 0.5% | 超限 20 m 范围内立即停工，查明原因，加强通风监测 |
| 3 | 高瓦斯工区煤（岩）与瓦斯突出工区 | 瓦斯易积聚处 | 1.0% | 超限附近20 m停工、断电、撤人，进行处理，加强通风 |
| 4 | | 开挖工作面风流中 | 1.0% | 停止电钻钻孔，超限处停工，撤人，切断电源，查明原因，加强通风等 |
| 5 | | 回风巷或工作面回风流中 | 1.0% | 停工、撤人、处理 |
| 6 | | 放炮地点附近20 m风流中 | 1.0% | 严禁装药放炮 |
| 7 | | 煤层放炮后工作面风流中 | 1.0% | 继续通风、不得进入 |
| 8 | | 局扇及电气开关10 m范围内 | 0.5% | 停机、通风、处理 |
| 9 | | 电动机及开关附近20 m范围内 | 1.0% | 停止运转，撤出人员，切断电源，进行处理 |

**10.4.3** 瓦斯检测设备、仪器调试、校正应满足以下要求：

——安全监控设备必须定期进行调试、校正，每月至少1次。

——采用载体催化元件的甲烷传感器、便携式甲烷检测报警仪，便携式光学甲烷检测仪、每7d必须使用校准气样和空气样调校1次。

——每7d必须对甲烷超限断电功能进行测试。

**10.4.4** 不得随意更改瓦斯自动监控系统的甲烷等气体传感器的预设参数，各类传感器数据显示异常时，应及时上报，对监控系统进行校核、检验，并采取处理措施。

**10.4.5** 每班人工瓦斯检测结果应及时上交瓦斯监控中心，由值班瓦斯监控员对人工检测结果与自动监控系统相应位置、时间的自动监控值进行比对，并填写光学瓦斯检测仪与甲烷传感器对照表，两种方式相互验证，发现异常应及时查明原因。瓦斯检测和监测记录应保持连续性、完整性，分类建档，专人负责。

**10.4.6** 在瓦斯工区顶部进行作业时，应随时检测作业范围的瓦斯浓度，重点检测瓦斯易积聚且风流不易到达的地方，当瓦斯积聚时，附近 20 m 范围内必须立即停止作业，撤出人员，切断电源，进行处理。

## 10.5 施工通风管理

**10.5.1** 瓦斯隧道应建立施工通风监控制度和组织系统，并设置专职通风管理员，测定气象参数、瓦斯浓度、风速、风量等参数。

**10.5.2** 主要通风机和局部通风机必须指定专人负责、挂牌管理。

**10.5.3** 瓦斯工区因检修、设备故障、停电等原因停风时，必须撤出所有人员，切断电源，设置警示标志，禁止人、车辆进入隧道。恢复通风前，必须由瓦检员检查瓦斯。只有当停风区内瓦斯浓度不超过 1.0%，且在局部通风机及其开关地点附近 10 m 以内风流中的瓦斯浓度均不超过 0.5%时，方可人工启动局部通风机。当停风区中瓦斯浓度超过 1.0%但不超过 3.0%时，必须采取安全措施，控制风流排放瓦斯。当停风区中瓦斯浓度超过 3.0%时，必须由救护队组织实施安全排瓦斯措施。

**条文说明：**

该条主要参照《煤矿安全规程》(2011)第三百四十一条规定。

**10.5.4** 恢复已封闭停工的瓦斯隧道，复工前必须进行全面的瓦斯浓度检测，应重点检测瓦斯易积聚且风流不易到达的地方，必须事先排除其中积聚的瓦斯。排除瓦斯工作必须制定安全技术措施。

**条文说明：**

该条主要参照《煤矿安全规程》(2011)第四百三十条规定。

**10.5.5** 通风设备设施管理应符合以下要求：

——必须按照施工通风设计要求安装主要通风机，主要通风机的运转应由专职司机负责。当工作通风机需要停运时，必须先启动备用通风机，严禁出现先停后启动或工作通风机及备用通风机均停止运行的情况。

——瓦斯隧道内均应设置测风牌板。

通风管理人员必须每班检查局部通风机和风电闭锁装置的完好性，发现问题应及时处理。

——通风实施必须有专人维修和保养。

## 10.6 电气及机械设备管理

**10.6.1** 瓦斯工区使用的防爆电气设备和作业机械，在使用期间，除日常检查外，尚应随时由专人检查维护，不得失爆。

**10.6.2** 安装后的机电设备，必须经过外观、防爆性能、操作性能的检查，合格后方可投入使用。

**10.6.3** 瓦斯工区内不得进行作业机械和机电设备拆卸和修理。

**10.6.4** 瓦斯工区洞内施工作业机械应采取如下措施：

——在机械摩擦发热部件上安设过热保护装置和温度检测报警装置。

——对机械动力传动部位或机构可能产生摩擦热处，要及时润滑、保养、清除污物，严防异物进入。

——在机械摩擦部件金属表面，溶敷活性低的金属铭牌。

——在铝合金表面涂丙烯酸甲基酯等涂料，以防摩擦火花的发生。

**10.6.5** 瓦斯工区电气设备应符合下列防爆安全规定：

——当不得不使用非防爆型光电测距仪及其他有电源的设备时，在仪器设备 20 m 范围内瓦斯浓度必须小于 1.0%。

——安装后的机电设备，必须经过外观、防爆性能、操作性能的检查，合格后方可投入使用。

——机电设备应重点检查专用供电线路、专用变压器、专用开关，瓦斯浓度超限与供电的闭锁、局扇与供电的闭锁情况。供电线路应无明接头，无接头连接不紧密或散接头，有漏电保护装置，有接地装置，电缆悬挂整齐，防护装置齐全等。

——电动装渣、开挖等作业机械在操作中，防爆开关表面温度超过150 ℃时应立即停止作业。

——瓦斯工区内使用的机电设备，在使用期间，除日常检查外，尚应按规定的周期进行检查，其检查周期应符合表10.6.5的规定。

表10.6.5　电气设备和电缆进行检查周期规定

| 序号 | 检查、调整项目 | 检查周期 | 备注 |
| --- | --- | --- | --- |
| 1 | 使用中的防爆电气设备的防爆性能检查 | 每月1次 | 每日由电工检查一次外部 |
| 2 | 配电系统继电保护装置检查整定 | 每半年1次 | 负荷变化应及时调整 |
| 3 | 高压电缆的泄漏和耐压试验 | 每年1次 | |
| 4 | 主要电气设备绝缘电阻的检查 | 每半年1次 | |
| 5 | 固定敷设电缆的绝缘和外部检查 | 每季1次 | |
| 6 | 移动式电气设备橡套电缆绝缘检查 | 每月1次 | 每班由当班人或电工检查一次外皮有无破损 |
| 7 | 接地电网接地电阻值测定 | 每季1次 | |
| 8 | 新安装的电气设备绝缘电阻和接地电阻值测定 | | 投入运行以前 |

**10.6.6** 行走式作业机械防爆改装的调试和验收应满足附录 L.6 的要求。

## 10.7 消防安全管理

**10.7.1** 瓦斯工区消防设施应满足以下要求：

——必须在洞外设置消防水池和消防用砂，水池中应保持不小于 200 m³ 的储水量，保持一定的水压。

——必须设置消防管路系统，并每隔 100 m 设置一个阀门（消防栓）。

——洞内应设置灭火设备或设施，并经常保持良好状态。

**10.7.2** 瓦斯工区火源管理要求：

——必须严格执行"严禁烟火进入隧道"的安全规定。

——洞口值班房、通风机房等洞口附近 20 m 范围内不得有火源。

——瓦斯工区作业人员进洞前必须经洞口检查人员检查确认无火源带入洞内。

——瓦斯工区不宜进行电焊、气焊、喷灯焊接、切割等工作。当情况特殊必须进行电焊、气焊、喷灯焊接、切割等工作时，必须制定安全措施，并遵守下列规定：

● 指定专人在现场检查和监督；

● 工作地点前后两端各10 m范围内不得有可燃物,应有专人负责喷水并备有灭火器；

● 工作地点附近20 m风流中瓦斯浓度不得大于0.5%。

● 工作完成后由专人检查，确认无残火后方可结束作业。

**10.7.3** 瓦斯工区动火作业安全管理要求：

——必须建立瓦斯隧道内动火作业审批制度，制定动火作业安全技术措施，并组织作业人员学习。

——瓦斯隧道内供风量不足或施焊点周围20 m范围内瓦斯浓度大于0.5%时，严禁动火作业。

——动火作业点附近必须配备灭火器、消防砂、消防用水等消防设施，瓦检员必须现场跟踪检查动火作业点20 m范围内的瓦斯浓度。

**10.7.4** 瓦斯工区易燃品管理要求：

——瓦斯工区内不得存放各种油类，废油应及时运出洞外，不得撒在洞内。

——瓦斯工区内待用和使用过的棉纱、布头和纸张等，必须存放在密闭的铁桶内，并由专人送到洞外处理。

## 10.8 施工人员管理

**10.8.1** 进入瓦斯工区的所有人员必须在洞口进行登记、接受洞口值班人员检查，确认无火源时方可进入隧道。进洞人员严禁穿化纤衣服，禁止携带烟草及点火物品、手机等电子产品以及钥匙等易带静电物品。

**10.8.2** 进入煤（岩）与瓦斯突出工区的作业人员必须随身携带隔绝式自救器。

**10.8.3** 瓦斯隧道各道工序、各种作业施工前，必须对作业人员严格执行安全技术交底制度。

## 10.9 事故预防与救护

**10.9.1** 瓦斯工区施工应加强瓦斯灾害防治与施工安全管理,将连续通风和瓦斯检测作为瓦斯隧道施工中的关键工序进行管理,提高安全意识。

**10.9.2** 提前制订事故预防与应急救援预案,按计划配备安全防护用品、应急救援物资及消防设施等;煤(岩)与瓦斯突出隧道应与附近有资质的矿山救护队签订服务协议,按计划组织应急预案演练。

**10.9.3** 瓦斯工区处理塌方、冒顶应遵守下列规定:
——应有专项排瓦斯方案,确保施工安全。
——对塌方体上方聚积的瓦斯应设置局部通风机排除。
——加强对塌方地段围岩岩隙瓦斯逸出监测,掌握瓦斯浓度变化,及时发出险情报告。
——尽快处理塌方、冒顶,减少瓦斯涌出量。

**10.9.4** 瓦斯事故一旦发生,必须立即启动瓦斯事故救援预案，尽快探明事故性质、原因、范围、遇险人数、事故发生具体位置以及洞内瓦斯与通风情况，缩小事故范围。启动瓦斯事故救援处理预案应符合下列规定：

——预案中应建立明确的应急救援组织机构，分工明确，责任到人，联络通畅，外部救援满足最佳救援时间。

——发生瓦斯事故，应首先切断通往灾区的电源。

——尽快了解事故性质、原因、发生地点及出现的其他情况。

——以抢救伤员为主，本着先活后亡、先重后轻、先易后难的原则组织抢救。

——救援人员进入灾区应佩戴安全防护设施、干粉灭火器、甲烷测定器等，进入灾区应首先检测瓦斯气体浓度，经确认瓦斯浓度低于1.0%，无再次爆炸危险后深入灾区内部开展救援作业。

——发现明火火源必须及时扑灭，以防二次爆炸；确认工区内无火源后，尽快修复通风系统，迅速排除瓦斯爆炸产生的烟雾和有毒有害气体，为救护创造条件。

——在条件允许的情况下，应及时清除坑道堵塞物，以便于开展后续救援工作。

——救护人员穿过支护结构破坏区段或冒落堵塞区段时，应安排专人架设临时支护，保证人员通行安全。

——隧道内一旦发生了瓦斯爆炸事故，应按照事故救援预案通知矿山救护队进行救援，并向有关单位汇报情况。

**10.9.5** 火灾处理应遵守下列规定：

——瓦斯工区发生火灾时，应立即组织人员撤离，启动灭火预案，不得停风，但应论证并控制风向、风量。

——电气设备着火时，应首先切断电源。

——不能直接灭火时，可设置防火墙封闭火区，并悬挂警示牌。

——封闭火区确认火已经熄灭，方可启封。启封已熄灭火区应制定安全措施，逐段恢复通风，加强有害气体检测；发现复燃征兆，须立即停止送风重新封闭火区。

# 11 运营监测与通风

## 11.1 瓦斯检测

**11.1.1** 瓦斯隧道运营期间，隧道内瓦斯浓度不得大于 0.3%。

**11.1.2** 瓦斯地层衬砌结构防护等级为一级的瓦斯隧道，运营期间宜采用自动检测，自动检测系统应具有瓦斯超限报警、通风机自动控制等功能，系统可采用洞口或远程计算机集中控制。瓦斯地层衬砌结构防护等级为二级、三级的瓦斯隧道，运营期间可采用人工检测，检测频率可按 1 次/月进行并做好记录。

**11.1.3** 瓦斯隧道运营期间瓦斯检测断面的位置，应根据施工期间的瓦斯涌出情况确定。在瓦斯地层地段可按

100 m 间距布置，在人字坡隧道变坡点、紧急停车带、人行和车行横通道等区域宜加密布置。

**11.1.4** 人工检测点或自动检测探头应位于隧道断面中部拱顶下 25 cm 处。自动检测时，检测系统应能抗强电磁干扰，探头的安装结构应便于定时检查维修。

**11.1.5** 瓦斯隧道地下排水系统、电缆沟等检查前，必须先进行瓦斯检测，待确认安全后才能进行检查。

**11.1.6** 瓦斯隧道运营期间，隧道内瓦斯浓度大于 0.3%或局部位置有瓦斯渗透时，应立即查明原因，加强通风，采取封堵措施防止瓦斯积聚。

## 11.2 运营通风

**11.2.1** 瓦斯隧道运营通风机可采用普通型，有特殊要求时宜采用防爆型。

**条文说明：**

特殊要求是指衬砌结构防瓦斯措施效果差，运营阶段通过检测隧道内瓦斯浓度大（经常出现≥0.3%）的情况。

**11.2.2** 瓦斯隧道运营通风除按非瓦斯隧道进行相应的需风量计算外，还应考虑稀释隧道内瓦斯浓度和防止瓦斯积聚的需风量。

**条文说明：**

瓦斯隧道需风量取值采用稀释隧道内所有污染空气中的大者，即

$$Q_{req} = \max\{Q_{req(CO)}, Q_{req(VI)}, Q_{req(CH_4)}, Q_{req(v_{min})}, Q_{req(异味)}\}$$

其中 $Q_{req(CO)}$、$Q_{req(VI)}$、$Q_{req(异味)}$ 按 JTG/T D70/2《公路隧道通风设计细则》计算确定。

**11.2.3** 稀释瓦斯浓度的需风量按式（11.2.3-1）计算：

$$Q_{req(CH_4)} = \frac{60 Q_{CH_4} \cdot \alpha}{B_{g设} - B_{g送}} \qquad (11.2.3\text{-}1)$$

式中：$Q_{req(CH_4)}$——稀释瓦斯所需风量，m³/min；

$\alpha$——瓦斯涌出的不均衡系数，取 1.5~2.0，抚顺

煤炭研究分院建议取 1.6；

$B_{g设}$——隧道内瓦斯设计浓度，取 0.3%；

$B_{g送}$——送入风的瓦斯浓度；

$Q_{CH_4}$——隧道内单位时间瓦斯涌出量（m³/s），可按式（11.2.3-2）计算：

$$Q_{CH_4} = \frac{K \cdot S \cdot (p_1^2 - p^2) \times 10^5}{2 \cdot b \cdot p \cdot \gamma_A} \qquad (11.2.3\text{-}2)$$

式中：$K$——透气系数，m/s；

$p_1$——地层瓦斯压力，MPa；

$p$——隧址区大气压，MPa；

$S$——透气面积，m²，其中 $S = L_{CH_4} \cdot L_r$；

$L_{CH_4}$——隧道穿越瓦斯地段长度，m；

$L_r$——隧道断面周长，m；

$\gamma_A$——瓦斯密度，kg/m³，一般取 0.716 kg/m³；

$b$——衬砌厚度，m。

**11.2.4** 防止隧道内瓦斯积聚需风量可按隧道内最小风速不小于 1 m/s 进行计算确定。

**11.2.5** 瓦斯隧道运营期间应根据瓦斯浓度检测值进行通风管理，当隧道内瓦斯浓度大于或等于0.3%时应开启风机，瓦斯浓度大于或等于0.5%时应禁止通行，同时开启全部风机。

**11.2.6** 衬砌结构防护等级为一级的瓦斯隧道，车行、人行横通道内宜设置换气设施，开启横通道门之前应先打开换气设备进行换气，经检测并确认横通道内瓦斯浓度，确认安全后方可进入。

# 12 安全风险评估

## 12.1 一般规定

**12.1.1** 瓦斯隧道设计阶段和施工阶段均应进行安全风险评估并编制报告。

**条文说明：**

按照《公路桥梁和隧道工程施工安全风险评估指南》要求规定。

**12.1.2** 瓦斯隧道安全风险评估流程按图12.1.2执行。

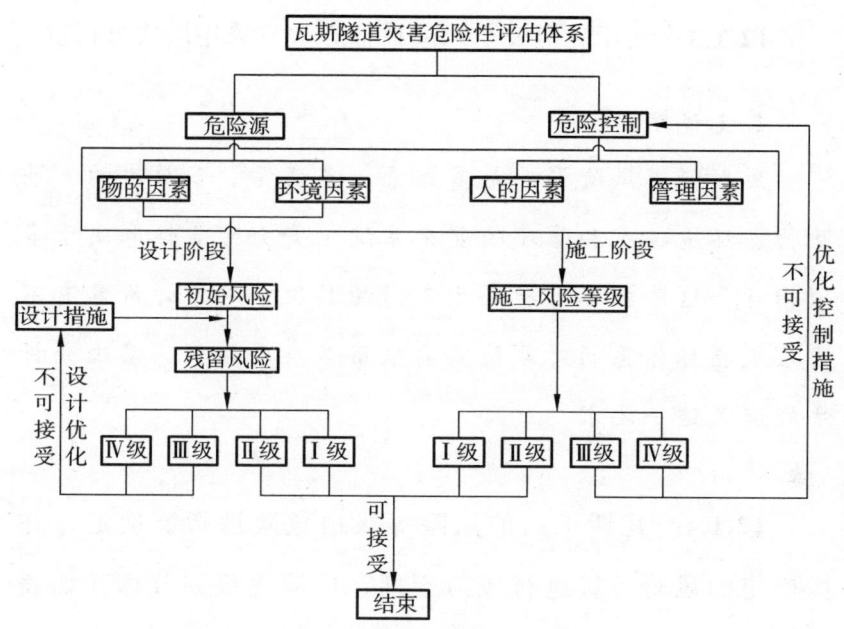

图 12.1.2　瓦斯隧道危险性评价流程图

**条文说明：**

瓦斯隧道危险性因素包括物的因素、环境因素、人的因素和管理因素四个指标。设计阶段风险评估中的设计措施指设计对物的因素和环境因素提出的要求，施工阶段风险评估中的优化控制措施指需要对施工现有措施（包括物的因素、环境因素、人的因素和管理因素的控制措施）进行优化加强。

**12.1.3** 瓦斯隧道安全风险评估方法宜采用层次分析法。

**条文说明：**

瓦斯隧道风险影响是多因素、多变量、多层次的，涉及物、环境、人和管理的复杂系统，安全可靠性取决于多项指标，这些指标可能处于不同的层次，对于评价具有不同层次指标体系的对象就需要采用多层次评判，层次分析法能满足这一要求。

**12.1.4** 瓦斯工区的风险等级由危险性指数确定，并按确定的风险等级进行风险管理，风险等级划分标准如表12.1.4。

表 12.1.4 瓦斯隧道风险等级标准

| 危险性指数 | 风险等级 |
| --- | --- |
| $4 > RGT \geq 3$ | Ⅳ级（极高风险） |
| $3 > RGT \geq 2$ | Ⅲ级（高度风险） |
| $2 > RGT \geq 1$ | Ⅱ级（中度风险） |
| $1 > RGT \geq 0$ | Ⅰ级（低度风险） |

注：$RGT$（Risk of Gas Tunnel）表示瓦斯隧道危险性指数。

## 12.2 层次分析法评价指标体系

**12.2.1** 瓦斯隧道危险性因素集可分为两层,其中Ⅰ层指标包括物的因素、环境因素、人的因素、管理因素四个指标,Ⅱ层指标由Ⅰ层指标的具体分类确定,包括围岩情况、瓦斯工区类别、开挖断面、企业资质、通风效果等,如图12.2.1。

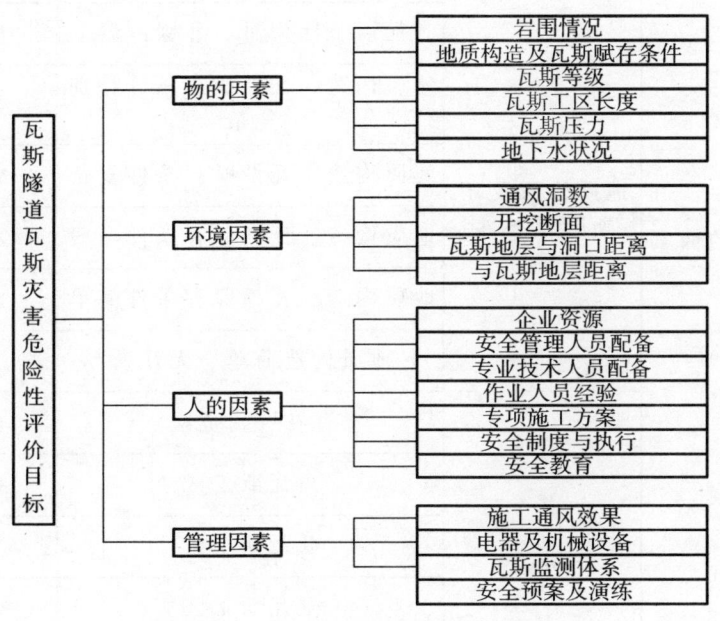

**图 12.2.1 瓦斯隧道危险性因素集**

**12.2.2** 瓦斯隧道危险性因素的评估指标值可按表12.2.2选取。

表 12.2.2 瓦斯隧道危险性因素评估指标值

| 评估指标 | | 分类 | 分值 |
|---|---|---|---|
| 物的因素 $W$ | 围岩情况 $W_1$ | 瓦斯工区为Ⅵ级围岩 | 4 |
| | | 瓦斯工区为Ⅴ级围岩 | 3 |
| | | 瓦斯工区为Ⅳ级围岩 | 2 |
| | | 瓦斯工区为Ⅲ、Ⅱ级围岩 | 1 |
| | 地质构造及瓦斯赋存条件 $W_2$ | 地质构造、瓦斯赋存条件特别复杂 | 4 |
| | | 地质构造、瓦斯赋存条件复杂 | 3 |
| | | 地质构造、瓦斯赋存条件一般 | 2 |
| | | 地质构造、瓦斯赋存条件简单 | 1 |
| | | 地质构造简单、无瓦斯 | 0 |
| | 瓦斯工区类别 $W_3$ | 存在突出危险 | 4 |
| | | 高瓦斯工区 | 3 |
| | | 低瓦斯工区 | 2 |
| | | 微瓦斯工区 | 1 |
| | | 非瓦斯工区 | 0 |

续表

| 评估指标 | | 分类 | 分值 |
|---|---|---|---|
| 物的因素 $W$ | 瓦斯工区长度 $W_4$ | 煤（岩）与瓦斯突出工区 | 4 |
| | | 存在高瓦斯地层超过 500 m | 3 |
| | | 存在低瓦斯地层超过 500 m | 2 |
| | | 存在微瓦斯地层超过 500 m | 1 |
| | | 非瓦斯地层 | 0 |
| | 瓦斯压力 $W_5$ | > 0.74 MPa | 4 |
| | | 0.35 ~ 0.74 MPa | 3 |
| | | 0 ~ 0.35 MPa | 2 |
| | | 0 | 1 |
| | 地下水状况 $W_6$ | 干燥 | 4 |
| | | 湿润 | 3 |
| | | 淋水/滴水 | 2 |
| | | 涌水/流水 | 1 |
| 环境因素 $H$ | 通风洞数 $H_1$ | 单洞只能采取压入式通风 | 3 |
| | | 双洞可采取巷道式通风 | 2 |
| | | 有独立建成的瓦斯排放坑道 | 1 |
| | 开挖断面 $H_2$ | 特大断面（单洞四车道隧道） | 4 |
| | | 大断面（单洞三车道隧道） | 3 |
| | | 中断面（单洞双车道隧道） | 2 |
| | | 小断面（单洞单车道隧道） | 1 |

续表

| 评估指标 | | 分类 | 分值 |
|---|---|---|---|
| 环境因素 $H$ | 瓦斯地层与洞口距离 $H_3$ | > 1500 m | 3 |
| | | 750 ~ 1500 m | 2 |
| | | < 750 m | 1 |
| | 与瓦斯地层距离 $H_4$ | < 2 m | 4 |
| | | 2 ~ 5 m | 3 |
| | | 5 ~ 20 m | 2 |
| | | > 50 m | 1 |
| 人的因素 $R$ | 企业资质 $R_1$ | 三级 | 3 |
| | | 二级 | 2 |
| | | 一级 | 1 |
| | | 特级 | 0 |
| | 安全管理人员配备 $R_2$ | 不足 | 2 |
| | | 基本符合规定 | 1 |
| | | 符合规定 | 0 |
| | 专业技术人员配备 $R_3$ | 不足 | 2 |
| | | 基本符合规定 | 1 |
| | | 符合规定 | 0 |
| | 作业人员经验 $R_4$ | 无经验 | 2 |
| | | 经验一般 | 1 |
| | | 经验丰富 | 0 |
| | 专项施工方案 $R_5$ | 可操作性差 | 2 |
| | | 可操作性一般 | 1 |
| | | 可操作性强 | 0 |

续表

| 评估指标 | | 分类 | 分值 |
|---|---|---|---|
| 人的因素 $R$ | 安全制度与执行 $R_6$ | 有重要条款（如瓦斯检查）不符合规定 | 2 |
| | | 有制度，有部分条款未落实 | 1 |
| | | 全部符合规定 | 0 |
| | 安全教育 $R_7$ | 安全教育差 | 2 |
| | | 经过一般培训 | 1 |
| | | 全员培训上岗 | 0 |
| 管理因素 $G$ | 施工通风效果 $G_1$ | 未连续通风，掌子面风速 < 0.5 m/s | 2 |
| | | 连续通风，掌子面风速 0.5~1 m/s | 1 |
| | | 连续通风，掌子面风速 > 1 m/s | 0 |
| | 电气及机械设备 $G_2$ | 电气及机械设备防爆均未达到要求 | 2 |
| | | 电气防爆满足要求、机械防爆不满足要求 | 1 |
| | | 电气化及机械防爆均满足要求 | 0 |
| | 瓦斯监测体系 $G_3$ | 未建立瓦斯监测体系 | 2 |
| | | 人工监测体系完整、未采用自动监测体系 | 1 |
| | | 采用自动监测与人工监测完整体系 | 0 |
| | 安全预案及演练 $G_4$ | 未达到要求 | 2 |
| | | 基本满足要求 | 1 |
| | | 满足要求 | 0 |

**条文说明：**

具体某一隧道指标值选取根据设计文件和施工实际情况确定。设计阶段初始风险评估时仅选取物的因素和环境因素两项即可。

**12.2.3** 设计阶段初始风险评估时风险因素的权重值可按表12.2.3选取。

表12.2.3 风险因素权重值汇总表

| Ⅰ层指标风险因素 | Ⅰ层权重 | Ⅱ层指标风险因素 | Ⅱ层权重 | 排序 |
|---|---|---|---|---|
| 物的因素 | 0.875 | 围岩情况 | 0.087 | 5 |
| | | 地质构造及瓦斯赋存条件 | 0.204 | 2 |
| | | 瓦斯工区类别 | 0.262 | 1 |
| | | 瓦斯工区长度 | 0.117 | 4 |
| | | 瓦斯压力 | 0.175 | 3 |
| 环境因素 | 0.125 | 地下水状况 | 0.029 | |
| | | 通风洞数 | 0.008 | |
| | | 开挖断面 | 0.023 | |
| | | 瓦斯地层与洞口距离 | 0.039 | |
| | | 与瓦斯地层距离 | 0.055 | |

**条文说明：**

设计阶段初始风险因素前 5 项分别是瓦斯工区类别、地质构造及瓦斯赋存条件、瓦斯压力、瓦斯工区长度、围岩情况，其权重值相对较大；而开挖断面、通风洞数则影响很小，其权重值相对较小。

**12.2.4** 设计阶段残留风险、施工阶段风险评估时风险因素的权重值可按表 12.2.4 选取。

表 12.2.4 风险因素权重值汇总表

| Ⅰ层指标风险因素 | Ⅰ层权重 | Ⅱ层指标风险因素 | Ⅱ层权重 | 排序 |
|---|---|---|---|---|
| 物的因素 | 0.412 | 围岩情况 | 0.041 | 9 |
| | | 地质构造及瓦斯赋存条件 | 0.096 | 3 |
| | | 瓦斯工区类别 | 0.124 | 1 |
| | | 瓦斯工区长度 | 0.055 | 7 |
| | | 瓦斯压力 | 0.082 | 4 |
| | | 地下水状况 | 0.014 | |
| 环境因素 | 0.059 | 通风洞数 | 0.004 | |
| | | 开挖断面 | 0.011 | |
| | | 瓦斯地层与洞口距离 | 0.018 | |
| | | 与瓦斯地层距离 | 0.026 | |

续表

| Ⅰ层指标风险因素 | Ⅰ层权重 | Ⅱ层指标风险因素 | Ⅱ层权重 | 排序 |
|---|---|---|---|---|
| 人的因素 | 0.294 | 企业资质 | 0.076 | 5 |
| | | 安全管理人员配备 | 0.034 | 10 |
| | | 专业技术人员配备 | 0.025 | |
| | | 作业人员经验 | 0.042 | 8 |
| | | 专项施工方案 | 0.059 | 6 |
| | | 安全制度与执行 | 0.050 | |
| | | 安全教育 | 0.008 | |
| 管理因素 | 0.235 | 施工通风效果 | 0.101 | 2 |
| | | 电气及机械设备 | 0.034 | |
| | | 瓦斯监测体系 | 0.101 | 2 |

**条文说明：**

设计阶段残留风险、施工阶段瓦斯风险因素前10项分别是瓦斯工区类别、施工通风效果、瓦斯监测体系、地质构造及瓦斯赋存条件、瓦斯压力、企业资质、专项施工方案、瓦斯工区长度、作业人员经验、围岩情况、安全管理人员配备，其权重值相对较大；而开挖断面、安全教育、通风洞数、地下水状况则影响很小，其权重值相对较小。

**12.2.5** 瓦斯隧道危险性指数由隧道瓦斯风险的赋值和风险因素所占权重值确定，危险性指数按式12.2.5计算。

$$RGT = \sum_{j=1}^{4} W_j X_{1j} + \sum_{j=1}^{6} H_j X_{2j} + \sum_{j=1}^{7} R_j X_{3j} + \sum_{j=1}^{4} G_j X_{4j} \quad (12.2.5)$$

式中：$W$、$H$、$R$、$G$ 分别为物的因素、环境因素、人的因素和管理因素的指标值；$X$ 为与各因素相对应的权重；$RGT$ 表示瓦斯隧道危险性指数，其值越大，表示隧道该区段越危险，其危险性等级越高。

## 12.3 设计阶段安全风险评估

**12.3.1** 设计阶段风险评估分为初始风险评估和残留风险评估。

**12.3.2** 初始风险评估考虑物的因素和环境因素，按式（12.2.5）计算危险性指数，并确定风险等级。

**条文说明：**

若计算所得的瓦斯隧道危险性指数 $RGT \geqslant 2$ 时，对照

表 12.1.4 可知，风险等级为Ⅲ级（高度风险），说明隧道瓦斯初始风险高，需要采取措施降低风险。

**12.3.3** 残留风险评估时风险因素需要考虑物的因素、环境因素、人的因素和管理因素，按式（12.2.5）计算危险性指数，并确定风险等级。

**条文说明：**

残留风险评估危险性指数计算时按设计文件要求选取人的因素和管理因素取值，若计算所得的瓦斯隧道危险性指数 $RGT_{(sj)} \geq 2$ 时，对照表 12.1.4 可知，风险等级在Ⅲ级及以上，说明采取措施后隧道瓦斯风险仍然不可接受，需要进一步改进设计措施，再进行评估，直至危险性指数 $RGT_{(sj)} < 2$ 时，风险等级在Ⅱ级及以下，达到可接受程度，方可明确措施、提交设计文件。

## 12.4 施工阶段安全风险评估

**12.4.1** 施工阶段安全风险评估需要综合考虑物的因素、环境因素、人的因素和管理因素，按式（12.2.5）计算危险性指数，并确定风险等级。

**条文说明：**

进行施工阶段安全风险评估时，物的因素、环境因素根据设计文件选取，人的因素、管理因素根据现场实际情况获得，若计算所得的瓦斯隧道危险性指数 $RGT_{(sg)} \geqslant 2$ 时，对照表12.1.4可知，风险等级在Ⅲ级及以上，说明现场瓦斯风险高、存在发生瓦斯灾害的可能，为不可接受风险，需要立即采取整改措施并对整改后措施再次进行评估，直至危险性指数 $RGT_{(sg)} < 2$ 时，风险等级在Ⅱ级及以下，达到可接受程度，方可按整改措施组织施工。

**12.4.2** 施工阶段安全风险评估可采取定期检查评估或不定期抽查评估方式，一旦瓦斯工区出现Ⅲ级、Ⅳ级风险时，应限时整改落实，直至达到可接受的风险等级。

**12.4.3** 施工过程中若发生瓦斯工区类别调整、重大施工方案调整、人员变动时，应根据调整情况进行安全风险评估，并根据风险评估情况调整措施，以确保施工安全。

# 13 质量检验及工程验收

## 13.1 质量检验

**13.1.1** 二次衬砌混凝土质量检验应包括抗压强度及抗渗等级两项指标,喷射混凝土质量检验应检测抗压强度,必要时检验抗渗等级。

**13.1.2** 二次衬砌施工缝应进行气密性的测试。在混凝土硬化两周后,宜采用原位检测法或取样检测法抽点检测;环向施工缝每三条或纵向施工缝每100 m制作1组(6块)检查试件,测试的透气性系数应满足设计要求。透气系数的测定按附录M执行。

**条文说明:**

本条参照TB 10120《铁路瓦斯隧道技术规范》第10.1.3条规定。

**13.1.3** 公路瓦斯隧道除按以上项目进行质量检验外，其他项目应按 JTG F80《公路工程质量检验评定标准》进行质量检验评定。

## 13.2 工程验收

**13.2.1** 公路瓦斯隧道竣（交）工验收时，必须对全隧道进行瓦斯检测；竣（交）工验收时，隧道内瓦斯浓度不得大于 0.3%。

**13.2.2** 隧道内运营通风设施及瓦斯自动监控报警系统功能的各项参数应满足设计要求。

**13.2.3** 瓦斯隧道竣（交）工文件除按非瓦斯隧道准备资料外，还应包括纵断面煤层赋存地质图、揭煤与瓦斯排放图、瓦斯排放管竣工图、瓦斯处理记录及瓦斯隧道施工技术总结等专项资料。

**13.2.4** 公路瓦斯隧道除按以上项目进行工程竣（交）工验收外，其他项目应按现行《公路工程竣（交）工验收办法实施细则》进行竣（交）工验收。

# 附录 A

（规范性附录）

## 煤层瓦斯压力测定方法

**A.0.1** 煤层瓦斯压力的测定方法按测压方式（测压时是否向测压孔内注入补偿气体）可分为主动测压法和被动测压法；按测压钻孔封孔的材料不同可分为胶囊（胶圈）-密封黏液封孔测压法和注浆封孔测压法。

**A.0.2** 打设测压孔应遵守下列规定：

——在距测压煤层不少于 5 m（垂距）的开挖工作面钻孔，孔径一般宜为 65~95 mm，钻孔长度应保证测压所需的封孔深度。

——钻孔宜垂直于煤层布置。

——从钻孔进入煤层开始，应不停钻直至贯穿煤层，然后清除孔内积水和煤（岩）屑，放入一根钢性导气管，立即进行封孔。

——在钻孔施工中应准确记录钻孔方位、倾角、长度、钻孔开始见煤长度及钻孔在煤层中长度、钻孔开钻时间、见煤时间及钻毕时间。

**A.0.3** 测压钻孔施工完后应在 24 h 内完成钻孔的封孔工作，在完成封孔工作 24 h 后进行测定工作。

**A.0.4** 采用主动测压时，只在第一次测定时向测压钻孔充入补偿气体，补偿气体的充气压力宜为预计的煤层瓦斯压力的 1.5 倍；采用被动测压法时，不进行气体补偿。

**A.0.5** 采用环形胶圈、黏液或水泥砂浆等封孔测压时，可按下列步骤进行：

——在钻孔内插入带有压力表接头的紫铜管，管径为 6～20 mm，长度不小于 7 m。岩石硬而无裂隙时封孔长度不宜小于 5 m，岩石松软或裂隙发育时应增加。

——将经炮泥机挤压成型的特制柱状炮泥送入孔内，柱状翻土末端距紫铜管末端 0.2～0.5 m，每次送入 0.3～

0.5 m，用堵棍捣实。

——每堵 1 m 黏土柱打入 1 个木塞，木塞直径小于钻孔直径 10~15 mm。打入木塞时应保护好紫铜管，防止折断。

**A.0.6** 观测与测定结果的确定：

——采用主动测压法时应每天观测一次测定压力表，采用被动测压法应至少 3 d 观测一次测定压力表。

——将观测结果绘制在以时间（d）为横坐标、瓦斯压力（MPa）为纵坐标的坐标图上，当观测时间达到规定时，如压力变化在 3 d 内小于 0.015 MPa，测压工作即可结束；否则，应延长测压时间。

——在结束测压工作、拆卸表头时（应制定相应的安全措施），应测量从钻孔中放出的水量，如果钻孔与含水层、溶洞导通，则此测压钻孔作废并按有关规定进行封堵；如果测压钻孔没有与含水层、溶洞导通，则需对钻孔水对测定结果的影响进行修正，修正方法可根据测量从钻孔中放出的水量、钻孔参数、封孔参数等进行。

——测定结果的确定：

$$P = P_0 + P'$$

式中：$P$——测定的煤层瓦斯压力值（MPa）；

$P_0$——测定地点的大气压力值（MPa），大气压力的测定应采用空盒气压计进行测定，空盒气压计应遵循标准 QX/T 26 的相关规定；

$P'$——测压孔内的煤层瓦斯压力（修正）值（MPa）。

——同一测压地点以最高瓦斯压力测定值作为测定结果。

注：本附录主要参照《煤矿井下煤层瓦斯压力的直接测定方法》（AQT 1047-2007）制定。

# 附录 B

(规范性附录)

## 煤的破坏类型分类

### 表 B 煤的破坏类型分类

| 破坏类型 | 光泽 | 构造及构造特征 | 节理性质 | 节理面性质 | 断口性质 | 强度 |
|---|---|---|---|---|---|---|
| Ⅰ类(非破坏煤) | 亮与半亮 | 层状构造,块状构造,条带清晰明显 | 一组或二到三组节理,节理系统发育,有次序 | 有充填物(方解石),次生面少,节理、劈理面平整 | 参差阶状、贝状、波浪状 | 坚硬,用手难以掰开 |
| Ⅱ类(破坏煤) | 亮与半亮 | 1. 尚未失去层状<br>2. 条带明显,有时扭曲,有错动<br>3. 不规则块状,多棱角<br>4. 有挤压特征 | 次生节理面多,且不规则,与原生节理呈网状节理 | 节理面有擦纹、滑皮,节理平整,易掰开 | 参差多角 | 用手极易剥成小块,中等硬度 |
| Ⅲ类(强烈破坏煤) | 半亮与半暗 | 1. 弯曲成透镜状构造<br>2. 小片状构造<br>3. 细小碎块,层理较紊无次序 | 节理不清,系统不发达,次生节理密度大 | 有大量擦痕 | 参差及粒状 | 用手捻成粉末,硬度低 |
| Ⅳ类(粉碎煤) | 暗淡 | 粒状或小颗粒胶结而成,形似天然煤团 | 节理失去意义,成黏块状 | — | 粒状 | 可捻成粉末,偶尔较硬 |
| Ⅴ类(全粉煤) | 暗淡 | 1. 土状构造,似土质煤<br>2. 如断层泥状 | — | — | 土状 | 可捻成粉末,疏松 |

# 附录 C

## （规范性附录）
## 煤的瓦斯放散初速度测定方法

**C.0.1** 瓦斯放散初速度指标（$\Delta P$）的测定方法有变容变压式和等容变压式。可采用变容变压式测定仪、等容变压式测定仪、试样瓶容积（5 mL）、真空泵、甲烷气源（0.1 MPa，纯度>99.9%）、分样筛（孔径 0.2 mm、0.25 mm 各一个）、天平（最大称量 100 g，感量 0.05 g）、漏斗、脱脂棉等仪器设备或用具。

**C.0.2** 煤样应在煤层新暴露面上采取，煤样质量为 250 g，地面打钻取样时，应取新鲜煤芯 250 g。煤样应附有标签，注明采样地点、层位、采样时间等。

**C.0.3** 制样时应将所采煤样进行粉碎，筛分出粒度为 0.2~0.25 mm 的煤样。每一煤样取 2 个试样，每个试样质量 3.5 g。

**C.0.4** 测定时可按下列步骤进行：

——将同一煤样的 2 个试样用漏斗分别装入 $\Delta P$ 测定仪的 2 个试样瓶中；

——用真空泵对两个试样脱气 1.5 h；

——将甲烷瓶与脱气后的试样瓶连接、充气（充气压力为 0.1 MPa），使煤样吸附瓦斯 1.5 h；

——关闭试样瓶和甲烷瓶阀门，使试样瓶与甲烷瓶隔离；

——开动真空泵对仪器管道进行脱气，使 U 形管汞真空计两端液面相平；

——停止真空泵，关闭仪器死空间通往真空泵的阀门，打开试样瓶的阀门，使煤样与仪器被抽空的死空间相连并同时启动秒表计时，10 s 时关闭阀门，读出汞柱计两端汞柱差 $P_1$（mm），45 s 时再打开阀门，60 s 时关闭阀门，再一次读出汞柱计两端差 $P_2$（mm）。

**C.0.5** 瓦斯放散初速度指标可按下式 C.1.5 计算：

$$\Delta P = P_2 - P_1 \tag{C.1.5}$$

**C.0.6** 同一煤样的两个试样测出值之差不应大于1,当大于1时应重新进行测定。

本附录主要参照《煤的瓦斯放散初速度指标（$\Delta P$）测定方法》(AQ 1080-2009) 制定。

# 附录 D

（规范性附录）

煤的坚固性系数测定方法

**D.0.1** 煤的坚固性系数（$f$）测定可采用捣碎筒、计量筒、分样筛（孔径 20 mm，30 mm 和 0.5 mm 各一个）、天平（最大称量 1 000 g，感量 0.5 g）、小锤、漏斗、容器等仪器设备或用具。

**D.0.2** 在煤层采样时，应沿新暴露煤层的上、中、下部分别采取块度为 10 cm 左右的煤样各两块，在地面采样时应沿煤层厚度的上、中、下部分别采取块度为 10 cm 的煤芯各两块。煤样采出后应及时用纸包上并浸蜡封固（或用塑料袋包严），避免风化。

**D.0.3** 煤样应附标签，注明采样地点、层位、时间等；煤样的携带、运送不得摔碰。

**D.0.4** 制样时应把煤样用小锤碎制成 20～30 mm 的小块，用孔径为 20 或 30 mm 的筛子筛选；称取制备好的试样 50 g 为 1 份，每 5 份为 1 组，共称取 3 组。

**D.0.5** 测定时可按下列步骤进行：

**1** 将捣碎筒放置在水泥地板或 2cm 厚的铁板上，放入一份试样，将 2.4 kg 重锤提到 600 mm 高度，再自由落下冲击试样，每份冲击 3 次，把 5 份捣碎后的试样装在同一容器中。

**2** 把每组（5 份）捣碎后的试样一起倒入孔径 0.5 mm 分样筛中筛分，筛至不再漏下煤粉为止。

**3** 把筛下的粉末用漏斗装入计量筒，轻轻敲击使之密实，然后轻轻插入具有刻度的活塞尺与筒内粉末面接触。在计量筒口相平处读取数 $L$（即粉末在计量筒内实际测量高度，读至毫米）。

当 $L \geqslant 30$ mm 时，冲击次数 $n$ 可定为 3 次，按以上步骤继续进行其他各组的测定。

当 $L > 30$ mm 时，第一组试样作废，每份试样冲击次

数 $n$ 改为 5 次，按以上步骤进行冲击、筛分和测量，仍以每 5 份作一组，测定煤粉高度 $L$。

**D.0.6** 煤的坚固性系数可按式（D.1.6）计算：

$$f = 20n/L \tag{D.1.6}$$

式中：$f$——坚固性系数；

$\quad\quad n$——每份试样冲击次数；

$\quad\quad L$——每组试样筛下煤粉的计算高度（mm）。

测定平行样 3 组（每组 5 份），取算数平均值，计算结果取一位小数。

**D.0.7** 当取得的煤样粒度不到测定值所要求粒度（20~30 mm）时，可采取粒度为 1~3 mm 的煤样按上述要求进行测定，并按式（D.1.7）换算。

$\quad\quad$当 $f_{1-3} > 0.25$ 时，$f = 1.57 f_{1-3} - 0.14$ $\quad$（D.0.7-1）

$\quad\quad$当 $f_{1-3} \leq 0.25$ 时，$f = f_{1-3}$ $\quad\quad\quad\quad$（D.0.7-2）

式中：$f_{1-3}$——粒度为 1~3 mm 时煤样的坚固性系数。

# 附录 E

(规范性附录)

## 瓦斯涌出量计算方法

**E.0.1** 隧道掘进相当于煤矿独头掘进,其绝对瓦斯涌出量 $Q_{绝}$ 可按下式确定:

$$Q_{绝} = Q_1 + Q_2 + Q_3 \quad (E.0.1)$$

式中:$Q_1$——隧道开挖掌子面爆落煤块瓦斯涌出量,$m^3/min$;

$Q_2$——隧道新暴露工作面瓦斯涌出量,$m^3/min$;

$Q_3$——隧道施作喷混凝土地段洞壁瓦斯逸出量,$m^3/min$。

**E.0.2** 隧道开挖工作面爆落煤块瓦斯涌出量 $Q_1$ 可按下式计算:

$$Q_1 = V_a \rho W / 1440 \quad (E.0.2\text{-}1)$$

式中:$V_a$——每日开挖各循环爆落煤块总体积,$m^3$;

$\rho$——煤的密度,$1.2 \sim 1.6\ t/m^3$,根据试验测试得到,

没有实测指标时，可按表 E.0.2-2 取值；

$W$——每吨煤块瓦斯逸出量，$m^3/t$。

$$W = W_0 - W_0' \quad (E.0.2\text{-}2)$$

式中：$W_0$——每吨煤瓦斯含量，$m^3/t$；

$W_0'$——煤块中残存瓦斯量，$m^3/t$，可按式（E.0.2-3）计算：

$$W_0' = \frac{W_k'(100 - W^f - A^f)}{100(1 + 0.31W^f)} \quad (E.0.2\text{-}3)$$

式中：$W^f$——煤中水分，%；

$A^f$——煤中灰分，%；

$W_k'$——折合为可燃物的残留瓦斯含量，与煤的挥发分 $V^r$ 有关，可按表 E.0.2-1 取值。

表 E.0.2-1 残余瓦斯含量与挥发分对应表

| 挥发分 $V^r$（%） | 2~8 | 8~12 | 12~18 | 18~26 | 26~35 | 35~42 | 42~50 |
|---|---|---|---|---|---|---|---|
| $W_k'$（$m^3/t$） | 12~8 | 8~7 | 7~6 | 6~5 | 5~4 | 4~3 | 3~2 |

$W^f$、$A^f$ 根据试验测试得到，若没有实测指标时，可按表 E.0.2-2 取值。

表 E.0.2-2 煤样工业分析指标参考表

| 品种 | 无烟煤 | 瘦煤 | 黏结煤 | 焦煤 | 肥煤 | 气煤 | 长焰煤 |
|---|---|---|---|---|---|---|---|
| $V^r$ | 2~6 | 7~12 | 12~17 | 18~26 | 27~34 | 38~42 | 42~45 |
| $A^f$ | 2~10 | 1~12 | 3~19 | 3~22 | 1~32 | 2~17 | 14~52 |
| $W^f$ | 0.7~2.5 | 0.5~0.7 | 0.9~2.2 | 0.5~3.0 | 0.5~1.7 | 1.6~10.1 | 9.9~42 |
| 密度 (t/m³) | 1.4~1.6 | 1.3~1.4 | 1.2~1.5 | 1.2~1.4 | 1.1~1.3 | 1.2~1.3 | 1.2~1.4 |

**E.0.3** 隧道新暴露工作面瓦斯涌出量 $Q_2$ 可按式（E.0.3-1）计算：

$$Q_2 = AQ_0 f(t) \quad (E.0.3-1)$$

式中：$A$——每天新暴露未支护煤壁面积，m²，可按式（E.0.3-2）计算：

$$A = A_0 + SV \quad (E.0.3-2)$$

式中：$A_0$——隧道开挖掌子面煤层暴露面积，m²，根据断面形状、煤层厚度和产状估算，当掌子面全部为煤层时，两车道公路隧道可取为 100 m²；

$S$——隧道开挖侧壁和基底断面暴露煤层的周长，m，根据断面形状、煤层厚度和产状估算，当断面全部为煤层时，两车道公路隧道可取为 36 m；

$V$——每日开挖进尺，m，根据煤层实际情况取值，可取为 2.5~4 m。

$Q_0$——单位时间单位坑壁面积瓦斯逸出初始强度 $[m^3/(m^2 \cdot min)]$：

$$Q_0 = 0.026 W_0 [0.0004(V^r)^2 + 0.16] \quad (E.0.3-3)$$

式中：$V^r$——煤层挥发分，%；

$f(t)$——时间衰减函数：

$$f(t) = e^{-at} \quad (E.0.3-4)$$

式中：$a$——衰减系数，可实测，当不能实测时，可按式(E.0.3-5)计算：

$$a = 0.0047\lambda + 0.026\, d^{-1} \quad (E.0.3-5)$$

式中：$\lambda$——煤层透气性系数，$m^2/(MPa \cdot d)$（有条件进行煤层透气性系数测试时，其测量方法参见周世宁，煤层透气系数的测定和计算，中国矿业学院学报，1980,（1）：1-6；当条件受限无法进行测试的情况下，可采用工程类比或选取邻近煤矿既有的测试成果资料进行取值）。

$t$——煤壁暴露计算时间,d;因煤壁暴露总时间为 1 d,设为均匀衰减,可取 $t=0.5 d$。

**E.0.4** 隧道施作喷混凝土段洞壁瓦斯逸出量 $Q_3$ 可按式（E.1.4）计算：

$$Q_3 = \frac{10^5 KVS}{2P_2\rho_a\Delta}\left[\frac{P_0^2(e^{-2a_1}-e^{-2a_1(n+1)})}{1-e^{-2a_1}} - nP_2^2\right] \quad （E.0.4）$$

式中：$K$——喷射混凝土层的瓦斯渗透系数，一般取 $1\times10^{-10}$ m/min；

$S$——隧道断面周长，m；

$V$——每日开挖进尺，m；

$P_2$——洞内大气压，可取 0.1 MPa；

$\rho_a$——瓦斯气体密度，可取 0.716 kg/m³；

$\Delta$——喷射混凝土厚度，m；

$P_0$——瓦斯初始压力，MPa；

$a_1$——喷射混凝土支护地段瓦斯压力衰减系数，可取 $0.5 a$；

$n$——隧道煤层出露长度 $L$ 与每日进尺 $V$ 的比值，即 $n=L/V$。

## 附录 F

(规范性附录)

## 风速和瓦斯浓度测定方法

**F.0.1** 瓦斯工区内绝对瓦斯涌出量根据实测通风量与回风流中最大瓦斯浓度计算确定。

**F.0.2** 瓦斯工区风速测定仪表可采用机械翼式中速风表(0.5~10 m/s)或低速风表(0.3~5 m/s,见图 F.0.2),或其他经检验合格的电子叶轮式风表或超声波风速计等。

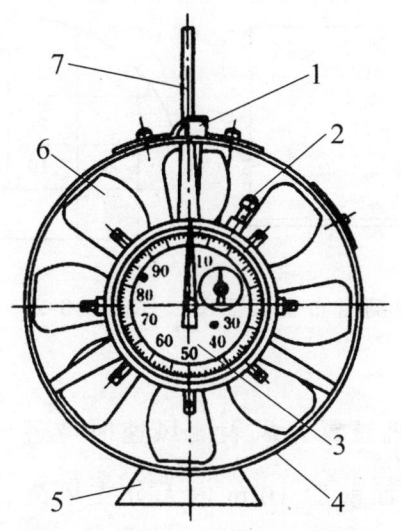

1—开关闸板；2—回零推杆；3—表头；4—外壳；5—底座；6—风轮；7—提环

图 F.0.2 中速翼式风表

**F.0.3** 送风式通风管的送风口距离掌子面不大于 5 m。测风断面可选择在距工作面 10～20 m 处的稳定回风流中，测风点及数量可参考图 F.0.3 确定（将隧道断面分为若干格，每格内测风 1 min 时间）。当风速较小，无法采用机械风表准确测定风速时，可采用风管出口风速和风管断面积参数计算压入新鲜风量。

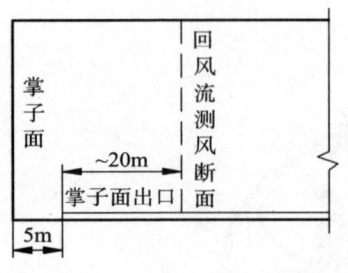 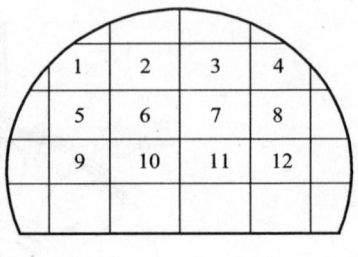

图 F.0.3-1 风速测点布置断面图　图 F.0.3-2 风速测点示意图

**F.0.4** 用机械翼式风表测风速时应遵守下列规定：

**1** 测风断面前后 10 m 内无分支风流、无拐弯、无障碍、断面无变化。测风员进入开挖工作面待测断面处，先估测风速范围，后选用相应量程的风表。

**2** 测风方法可选用迎风法或侧身法。采用侧身法时，将风表指针回零，人背向隧道侧壁，伸直手臂，手持风表，与风流方向垂直，并使风表背面正对风流方向，待翼轮转动正常后（20~30 s），同时打开风表的计数器和秒表，在断面处每格中的每个点每次测定 1 min 的时间，然后关闭秒表和风表，读取风表指针读数（格/min），并记录在表 F.0.8 中。

**3** 测风时，每个测点测风次数不少于 3 次，每次测量误差不应超过 5%，后取 3 次测风结果的平均值（格/min）。如果测量误差大于5%，应增加 1 次测风。

**4** 测风结束后，用皮尺或钢尺测量测风断面尺寸，计算测风断面面积。

**5** 把测风数据和隧道开挖断面尺寸参数记录在测风表中。

**F.0.5** 风表表速按式（F.0.5-1）进行计算，并根据表速查风表校正曲线或按式（F.0.5-2），求出隧道测风断面真风速。

$$V_{表} = \frac{n}{t} \quad\quad (F.0.5\text{-}1)$$

式中：$V_{表}$——测点表速，格/s；

$n$——三次测风风表刻度盘读数的平均值，格/s；

$t$——测风时间，s，一般为 60 s。

风表校正曲线表达式见式（F.0.5-2）：

$$V_{真} = a + bV_{表} \quad\quad (F.0.5\text{-}2)$$

式中：$V_{表}$——真风速（m/s）；

$a$——表明风表启动初速的常数；

$b$——校正常数，取决于风表的构造尺寸；

$V_表$——风表的指示风速，格/s。

**F.0.6** 测风断面实际平均风速，按式（F.0.6）对真风速 $V_真$ 进行校正后确定。

$$V_均 = kV_真 \tag{F.0.6}$$

式中：$V_均$——测试断面平均风速，m/s；

$V_真$——真风速，m/s；

$k$——修正系数，与测风方法有关，迎风法 $k=1.14$，侧身法 $k=(S-0.4)/S$；

$S$——测风断面面积，$m^2$；

0.4——测风员阻挡风流面积，$m^2$。

**F.0.7** 测风断面的隧道通风量，按式(F.0.7)计算确定。

$$Q = S \times V_均 \times 60 \tag{F.0.7}$$

式中：$Q$——通过隧道的风量，$m^3/min$；

$S$——隧道断面积，$m^2$；

$V_均$——隧道内平均风速，m/s。

**F.0.8** 开挖工作面附近瓦斯浓度的测定应遵守下列规定：

**1** 测量瓦斯一定要在瓦斯工区风流范围内进行。工区内风流划定的范围：对于模板台车处是指距支架和巷底各为 50 mm 的断面空间；对于无支架或用锚喷支护、已衬砌段，距拱顶、侧壁、底板各为 200 mm 的断面空间。

**2** 开挖工作面附近检测瓦斯断面位置可按图 F.0.8-1 确定，检测点可按图 F.0.8-2 确定，但应重点在隧道风流的上部即拱顶部位进行。

**3** 每个测点处的瓦斯浓度应连续检测 3 次，取其平均值。

**4** 测风断面必须同时测定瓦斯浓度。

**5** 以开挖工作面附近及稳定回风流中测定的最大瓦斯浓度值作为该断面处的瓦斯浓度。

**6** 将瓦斯检测记录表中最大瓦斯浓度登记在表 F.0.8 中。

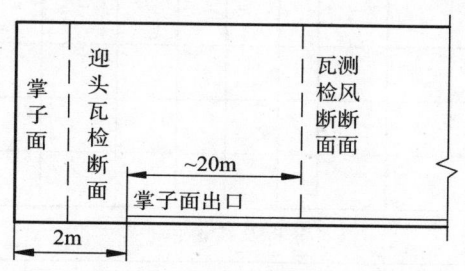

图 F.0.8-1 瓦斯监测断面布置

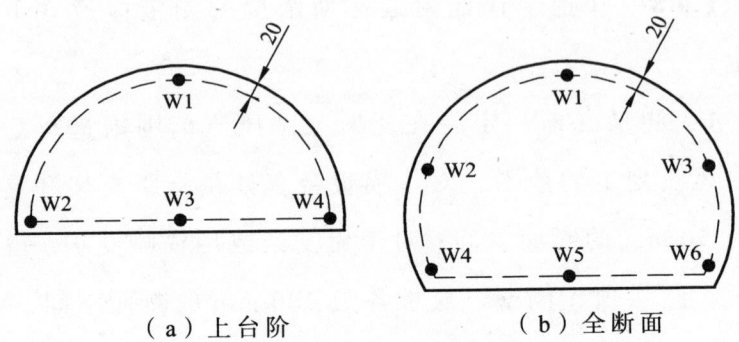

（a）上台阶　　　　　　（b）全断面

**图 F.0.8-2　瓦斯检测断面测点示意图**

**表 F.0.8　施工阶段瓦斯工区鉴定报表**

| 工程名称： | | | 工区： | | | | 年　月　日 | | |
|---|---|---|---|---|---|---|---|---|---|
| 序号 | 实测最大瓦斯浓度 | 断面尺寸(m) | | 测点断面面积($m^2$) | 风表读数(r/min) | | | 实际风速(m/s) | 计算风量($m^3$/min) | 计算绝对瓦斯涌出量($m^3$/min) |
| | $CH_4$ | 宽度 | 高度 | | 一 | 二 | 三 | 表速 | | | |
| 1 | | | | | | | | | | | |
| 2 | | | | | | | | | | | |
| 3 | | | | | | | | | | | |
| 4 | | | | | | | | | | | |
| … | | | | | | | | | | | |
| 分析及结论： | | | | | | | | | | | |
| 测风： | | | 记录： | | | 计算： | | | 审核： | |

**F.0.9** 瓦斯工区瓦斯绝对涌出量根据隧道实际通风量和实测最大瓦斯浓度按式（F.0.9）计算确定。

$$Q_{CH_4} = Q \times \bar{\omega} \qquad (F.0.9)$$

式中：$Q_{CH_4}$——瓦斯工区内绝对瓦斯涌出量，$m^3/min$；

$Q$——隧道断面通风量，$m^3/min$；

$\bar{\omega}$——工作面迎头及回风流中实测最大瓦斯浓度（%）。

# 附录 G

（规范性附录）

钻屑指标法

**G.0.1** 采用钻屑指标法进行工作面煤（岩）与瓦斯突出危险性预测或防突措施效果检验时，钻屑量可用质量法或容量法测定：

——质量法：在钻孔钻进到煤层时，每钻 1 m 钻孔，收集全部钻屑，用弹簧秤称量质量。

——容量法：在钻孔钻进到煤层时，每钻 1 m 钻孔，收集全部钻屑，用量具测量钻屑体积。

**G.0.2** 预测或措施效果检验钻孔布置和取样工艺应符合下列要求：

在岩石段宜采用湿式打钻，钻孔孔径 50~75 mm，见煤后退出钻杆，先用压风将孔内泥浆吹净，再用干式打钻直至见到煤层顶板或底板。

——钻孔数量不得少于3个,1个钻孔位于开挖工作面中部,沿工作面前进方向略偏上布置,另2个钻孔分别位于左上角和右上角,终孔点应位于工作面轮廓线外上部5 m、两侧3 m以外。

——各钻孔每隔1 m取1个煤样测定钻屑瓦斯解吸指标$K_1$或$\Delta h_2$。当钻孔钻进到预定取样深度前0.2~0.3 m时,用1 mm和3 mm分样筛取样进行筛分,将筛分后的1~3 mm粒径煤样装入煤样杯或煤样瓶中。在孔口开始接煤样的同时启动秒表,直至开始启动瓦斯解吸仪测量的时间间隔$t_0$,$t_0$应满足瓦斯解吸仪给定的要求,测定$K_1$指标的要求是$t_0 \leq 2$ min,测定$\Delta h_2$指标的要求是$t_0 = 3$ min。

——在钻孔钻至离预定取样深度小于0.5 m至接取煤样结束前不允许停止钻进,否则该煤样应作废。打钻过程中,应保持钻进速度稳定,钻进速度保持在1 m/min左右;同时保持钻进方位、倾角一致,平稳钻进,以免孔壁煤样混入。

**G.0.3** 钻屑解吸指标$K_1$的测定可按下列步骤进行:

——将筛分好的粒径为 1~3 mm 的煤样装入瓦斯解吸仪的煤样杯口齐平位置。

——将已装煤样的煤样杯置于煤样罐中，盖好煤样罐盖，转动阀门使煤样与大气连通。

——秒表计时到时间 $t_0$，转动阀门使煤样罐与测量系统接通、与大气隔绝，启动仪器；5 min 后按仪器提示输入钻孔长度 $L$、时间 $t_0$。仪器屏幕显示则为 $K_1$，单位为 $cm^3/(g \cdot min^{1/2})$。

**G.0.4** 钻屑解吸指标$\Delta h_2$的测定可按下列步骤进行：

——将筛分好的粒径为 1~3 mm 的煤样装入瓦斯解吸仪的煤样瓶刻度线齐平位置。

——将已装煤样的煤样瓶迅速装入瓦斯解吸仪测量室，拧紧测量室上盖，然后打开三通阀，使解吸测量室与大气、水柱计均沟通，同时打开单通旋塞，使仪器室处于暴露状态，同时观察秒表读数。

——秒表计时到 3 min 时转动三通阀，使煤样瓶与测量系统接通，与大气隔绝，秒表计时到 5 min 时刻瓦斯解吸仪的示值即为$\Delta h_2$，单位为 Pa。

**G.0.5** 钻屑解吸指标 $K_1$ 和 $\Delta h_2$ 预测煤层突出危险性临界值应符合表 G.0.5 的规定。

表 G.0.5 钻屑解吸指标 $K_1$ 和 $\Delta h_2$ 临界值

| 煤样 | 指标临界值 | |
|---|---|---|
| | $\Delta h_2$（Pa） | $K_1[\mathrm{mL}/(\mathrm{g}\cdot\mathrm{min}^{1/2})]$ |
| 干煤样 | 200 | 0.5 |
| 湿煤样 | 160 | 0.4 |

钻屑指标法的具体操作步骤和要求可参考《钻屑瓦斯解吸指标测定方法》（AQ/T1065）及《防治煤与瓦斯突出规定》中第七十三条和第七十五条的相关规定。

## 附录 H

### （规范性附录）
### 综合指标法

**H.0.1** 采用综合指标法进行工作面煤（岩）与瓦斯突出危险性预测或防突措施效果检验时应符合下列要求：

**1** 在岩石工作面向突出煤层应至少钻 2 个测压孔，测定煤层瓦斯压力，测压方法见附录 A。

**2** 在钻测压孔过程中，每 1 m 煤孔应采取 1 个煤样，测定煤坚固性系数（$f$）。煤的坚固性系数测定方法见附录 D。

**3** 应将 2 个测压孔所得的坚固性系数最小值平均，作为煤层软分层的平均坚固性系数。

**4** 应将坚固性系数最小的两个煤样混合后，测定煤的瓦斯放散初速度指标（$\Delta P$），见附录 C。

**H.0.2** 煤层突出危险性,可按下列两个综合指标判断:

$$D = (0.0075H/f - 3)(P - 0.74) \quad (\text{H.1.2-1})$$

$$K = \Delta P / f \quad (\text{H.1.2-2})$$

式中:$D$——煤层的突出危险性综合指标;

$K$——煤层的突出危险性综合指标;

$H$——开挖工作面埋深,m;

$P$——煤层瓦斯压力,取各个测压钻孔实测瓦斯压力的最大值,MPa;

$\Delta P$——软分层煤的瓦斯放散初速度指标,mmHg;

$f$——软分层煤的平均坚固性系数;

3——应力集中系数;

0.0075——岩石平均容重与岩石的单向抗压强度的换算值;

0.74——从大量的突出资料中统计出来的煤(岩)层发生突出的临界压力值。

**H.0.3** 突出危险性综合指标 D 和 K 预测煤层突出危险性的临界值应符合表 H.0.3 的规定。

表 H.0.3 综合指标 $D$ 和 $K$ 临界值

| 煤层突出危险性综合指标 $D$ | 煤层突出危险性综合指标 $K$ | |
|---|---|---|
| | 无烟煤 | 其他煤种 |
| 0.25 | 20 | 15 |

注：当式（H.0.2-1）中两个括号内的计算值都为负时，则不论 $D$ 值多少，都为突出威胁煤层。

H.0.4 综合指标法的具体操作步骤和要求可参考《防治煤与瓦斯突出规定》第七十二条的相关规定。

# 附录 I

(规范性附录)

## R值指标法

**I.0.1** 采用R值指标法进行防突措施效果检验时应按下列步骤进行：

**1** 在工作面钻不少于3个直径为42 mm，深度为10 m的钻孔，钻孔应在软分层中，一个钻孔位于隧道工作面中部，并平行于掘进方向，其他钻孔的终孔点应位于隧道轮廓线外的2~4 m处。

**2** 钻孔每打1 m，测定一次钻屑量和钻孔瓦斯涌出初速度，根据每个钻孔的最大钻屑量和最大瓦斯涌出初速度按式I.0.1确定各孔的R值：

$$R = (S_{max} - 1.8)(q_{max} - 4) \quad (I.0.1)$$

式中：$S_{max}$——钻孔最大钻屑量，L/m；

$q_{min}$——钻孔最大瓦斯涌出初速度，L/min。

**3** 临界指标 $R_m$ 取 6,当任何一个钻孔中的 $R \geqslant R_m$ 时,该工作面为突出危险工作面;当 $R$ 为负值时,用单项(取公式中的正值项)指标。

$R$ 值指标法的具体操作步骤和要求可参考《防治煤与瓦斯突出规定》第七十七条的相关规定。

# 附录 J

## （规范性附录）
## 钻孔瓦斯涌出初速度测定方法

**J.0.1** 钻孔瓦斯涌出初速度的测定，可采用 1.2 kW 电煤钻、42 mm 直径麻花钻杆 10 m，镀锌白铁皮水桶、弹簧秤（量程 25 kg）、初速度测定装置一套、水银温度计（0～50 ℃）、管钳、秒表、高压气枪、煤气表等仪器设备。

**J.0.2** 测试过程中，当钻孔进入煤层后，应换电煤钻钻孔，并启动秒表，钻进速度宜控制在 1 m/min 左右，每钻完 1 m 煤孔后，应立即撤出钻杆，插入钻孔瓦斯涌出初速度测定装置。在 2 min 后开始读取瓦斯涌出量值，然后关闭通向煤气表的阀门，读出压力表上显示的瞬间解吸压力值。在测定瓦斯涌出量前，测定 $K_1$ 值的煤样采集与钻粉量的收集应一并完成。当钻孔瓦斯涌出量大于 6 L/min 时，在第 5 min 后应继续读取 1 min 瓦斯涌出量并计算衰减系数,当衰减系数 $\alpha$ 小于或等于 0.65 时,煤层有突出危险。

**J.0.3** 钻孔速度应严格控制,钻杆拖动排煤粉时,必须控制孔径扩大。

**J.0.4** 孔位应选在排放孔之间或瓦斯排放空白区煤层的软分层中。

**J.0.5** 钻杆进尺应有明确的标记,接煤粉的容器应保证煤粉能够全部进入容器内。

**J.0.6** 初速度测定装置的封孔压力必须保持 0.25 MPa,保证封孔严密,初速度测试结果准确。

**J.0.7** 初速度测定装置各段连接处,应配有胶垫,保证气密性。测试管胶端的小孔应通畅无阻,应避免煤粉堵塞小孔造成涌出量降低。

钻孔瓦斯涌出初速度测定方法的具体操作步骤和要求可参考《钻孔瓦斯涌出初速度的测定方法》(MT/T 639)和《防治煤与瓦斯突出规定》第七十六条的相关规定。

# 附录 K

（规范性附录）

瓦斯自动监控报警与断电系统

## K.1 自动监控系统

**K.1.1** 工作原理

自动监控系统由监控中心站、分站、输入、输出设备构成。监控中心站与分站之间通信，接收分站内的信息，可以对分站发出指令。对接收的信息进行处理、显示、报警。通过外围设备可以将信息进行打印、上传、发送等。分站接收由输入设备采集到的信号，通过逻辑变换，输出控制信号，通过断电器对控制对象进行通、断电控制。系统原理如图 K.1.1 所示。

系统通过在洞内安装的瓦斯传感器、风速传感器、一氧化碳传感器、烟雾传感器等测定洞内瓦斯参数，并将此信息回馈主控计算机分析处理，对洞内瓦斯、风速、风量和主要风机实施风电瓦斯闭锁及风量控制，瓦斯超标自动进行洞内传感器和洞外监控中心自动声光报警，再通过设备开停传感器、馈电断电器对被控设备自动断电。系统可及时准确地对洞内各工作面的瓦斯状况进行24h全方位监控。

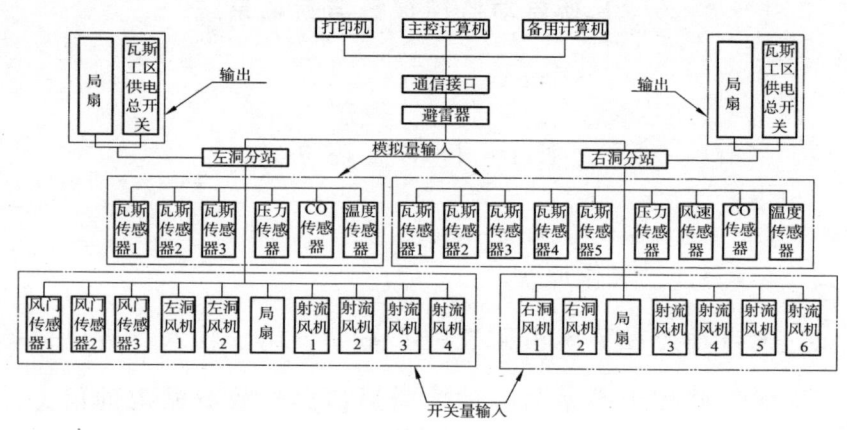

图 K.1.1 瓦斯隧道自动监控系统原理图

### K.1.2 自动监控系统的组成

系统包括主控计算机、洞内分站、高浓度瓦斯传感器、低浓度瓦斯传感器、风速传感器、远程断电仪、报警器、设备电源和备用电源、电缆、防雷设施等。

## K.2 传感器的布置

### K.2.1 瓦斯传感器

在开挖工作面迎头及距开挖工作面 20 m 回风流处、模板台车前后、横通道、巷道式通风的回风巷、局部通风机附近、错车带、洞内变压器集中安设处或机电设备洞室的进风侧应设置瓦斯传感器。瓦斯传感器的报警参数设定见表 10.4.2 的规定。

### K.2.2 风速传感器

安装在距开挖工作面 20 m 回风流处、防水板台车处、已衬砌地段回风流处、巷道式通风回风巷等主要测风站。

### K.2.3 一氧化碳传感器、温度传感器

在煤层易自燃或有煤尘爆炸危险的瓦斯工区地段，应设置一氧化碳传感器和温度传感器。模板台车前应布置温度传感器。

### K.2.4 设备开停传感器、馈电状态传感器

瓦斯工区使用的主通风机、局部通风机应设置设备开停传感器。主要风门应设置风门传感器。被控设备开关的负荷侧应设置馈电状态传感器。

**K.2.5** 根据传感器的数量及种类按控制要求,配置远程断电仪。

**K.2.6** 在满足上述要求的情况下,结合工程实际情况可调整增加各种传感器的种类和数量。

## K.3 自动监控系统的安装

**K.3.1** 洞口主控计算机监控中心

洞口主控计算机监控中心机房设置在隧道进口、出口安全位置处,机房基本环境应符合 GB 28872《电子计算机场地通用规范》的要求,在动力、温度、防尘、防静电、防雷击等方面采取措施满足相应的指标要求。

机房设专用配电箱,使用前对电源进线检测,满足供电电压和频率偏移要求。采用双路两级稳压电压供电,第一级为交流稳压器供一台UPS及其他计算机外设,第二级为UPS,其输出主要供主控计算机,UPS供电时间不少于10 min。

**K.3.2　洞内分站**

分站应安装在系统维护人员易于观察、调试、检修、维护的位置,同时应远离可燃物、杂物等,无滴水积水、方便安装。洞内分站安装时垫支架,支架间距距离地面不小于300 mm并可靠接地,接地电阻小于2 Ω。设专用配电箱,使用前对电源进线检测,分站电源箱所接入的动力电缆及控制电缆,应与所配密封圈相匹配。接线端子与外接电压等级应相符。

**K.3.3　瓦斯断电仪和瓦斯风电闭锁装置**

装设瓦斯断电仪和瓦斯风电闭锁装置的监控系统,远程断电使用 1.5 $mm^2$ 电缆,分站到被控开关距离应小于30 m,严禁使用DW系列开关作为被控开关,被控开关应使用磁力防爆开关,在断电安装完成后,应在隧道内用1%的标准气样检测是否正常断电。独立的声光报警箱悬挂位置应满足报警声能让附近的人听到的要求。

### K.3.4 阻燃专用传输电缆

监控中心机房到工区内的通信电缆应选用铠装电缆、不延燃橡套电缆或矿用塑料电缆。

各设备之间的连接电缆需加长或分支连接时,被连接电缆的芯线盒,应用螺钉压接,不得采用电缆芯线导体直接搭接或绕接。接线盒应使用防爆型。

电缆线多路同向延伸布设时,可将其绑扎成束,固定在隧道洞壁上,支撑点间距不得大于 3 m,与电力电缆的间距不得小于 0.5 m,以防电磁干扰。

### K.3.5 传感器安装

所有传感器的安装应充分考虑吊点、支撑及卡固强度、传感器接线走向及固定等。安设点应保证传感器位于系统维护人员易于观察、调试、检修、维护的位置,传感器前后无障碍物,并确保安装点无滴水、积水。

1)甲烷传感器宜自由悬挂在拱顶以下 20 cm 处,其迎风流和背风流 0.5 m 内不得有阻挡物。悬挂处支护良好,无滴水，走台架过程等不会损坏传感器。工作面迎头安装的瓦斯传感器距离工作面不大于 5 m。洞口瓦斯传感器距离洞口 10~15 m。用于监测局部通风机进风流的瓦斯传感器除满足上述要求外，还应考虑安装在典型的进风流中。

2）风速传感器安装在主要测风站处，安装点前后 10 m 内无分支风流、无拐弯、无障碍、断面无变化、能准确检测和计算测风断面平均风速、风量的位置。隧道拱顶应干燥、无明显淋水，不影响行人和行车。传感器探头风流指向与风流方向应一致，偏角不得大于 5°。吊挂时必须固定，传感器不得左右摇摆。

3）一氧化碳传感器、温度传感器及压力传感器应垂直悬挂在隧道拱顶上部，并不影响行人和行车，方便安装、维护工作。

4）对设风门的瓦斯工区，应安装风门传感器，在满足上述通用要求基础上，根据风门的结构现场固定。

5）设备开、停传感器主要用于监测瓦斯工区内机电设备（如主风机、局部通风机、水泵等）的开停状态。安装时将本安电源及输出信号与系统电源及信号输入口对应接线正确，在负荷电缆上按传感器调整要求寻找合适的位置卡固好传感器即可正常工作。

K.4 瓦斯传感器和自动断电仪的报警设置

**K.4.1** 巷道式通风时,瓦斯自动监测报警断电系统中的传感器布置可按图 K.4.1 进行。

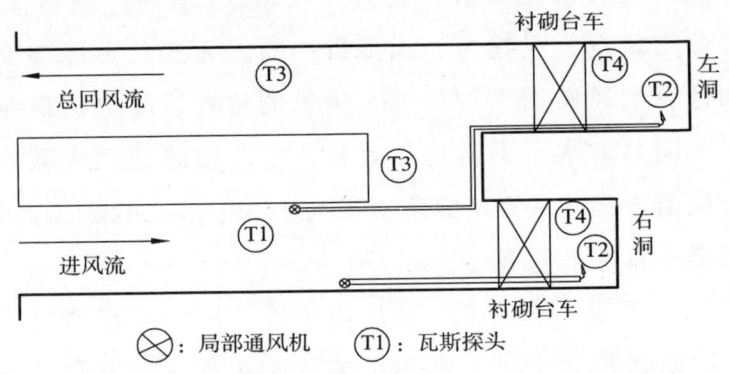

图 K.4.1 巷道式通风瓦斯自动监测传感器布置

断电浓度:$T_1 \geqslant 0.5\%$;

$T_2 \geqslant 1.0\%$;

$T_3 \geqslant 1.0\%$;

$T_4 \geqslant 1.0\%$。

断电范围:

$T_1$:局部通风机及其供风坑道中的全部电气设备;

$T_2$:开挖工作面及其附近 20 m 内全部电气设备;

$T_3$：总回风道中及开挖工作面和进风道中全部电气设备；

$T_4$：二次衬砌台车至开挖工作面之间的全部电气设备。

**K.4.2** 压入式通风时，瓦斯自动监测报警断电装置探头布置可按图 K.4.2 进行。

断电浓度：$T_1 \geqslant 1.0\%$；

$T_2 \geqslant 1.0\%$；

$T_3 \geqslant 1.0\%$。

断电范围：

$T_1$：开挖工作面及其附近 20 m 内全部电气设备；

$T_2$：二次衬砌台车至开挖工作面之间的全部电气设备；

$T_3$：已衬砌地段的全部电气设备。

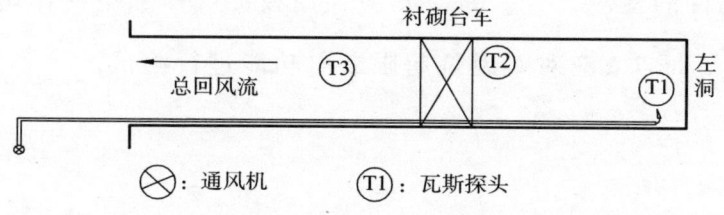

图 K.4.2 压入式通风瓦斯自动监测传感器布置

## K.5 瓦斯自动监控系统的验收、维护和管理

**K.5.1** 瓦斯自动监控系统应由具有国家授权生产资质的单位提供，并负责系统的安装、调试、验收、维护等工作，符合国家有关瓦斯监测监控标准及技术相关要求。

**K.5.2** 瓦斯工区施工期间，应成立专门的瓦斯监控系统使用、维护及维修中心，设置经安全培训并考核合格的监控人员。

**K.5.3** 瓦斯自动监控系统安装后应进行验收，每月对监控系统进行定期检查、校正。甲烷传感器等采用载体催化元件的检测元件，每 7 d 应使用校准气样和空气样调校 1 次。每 7 d 应对对甲烷超限断电功能进行测试。

# 附录 L

（规范性附录）

行走式作业机械防爆改装方法

## L.1 系统功能

瓦斯工区施工采用的挖掘机、装载机、运渣车、运输车、混凝土罐车、混凝土泵车等行走式作业机械，施工中不可避免地会产生摩擦或碰撞火花，采用传统的防爆改装方法（对机车设备进行特殊的设计和改装以实现设备在瓦斯超限等危险条件下具备继续作业的能力）导致机车工效降低，防爆装置使用寿命短，瓦斯浓度超限作业风险高。

防爆改装方法是在行走机车上安装车载瓦斯自动监控报警与断电系统，瓦斯超限时自动断油断电而停止作业，瓦斯浓度降低到正常范围后机车自动解锁，可重新启动机车作业。该系统适用于瓦斯隧道中作业机车如挖掘机、装载机、运输机车等作业环境瓦斯监控。系统安装在内燃机车设备上，实时监测其周围环境空气中的瓦斯浓度，当环境瓦斯浓度超过报警限值时，装置发出声光报警，当瓦斯浓度继续上升达到断电值时，装置发出车辆自动断油断电信号，控制机车熄火，并进入闭锁状态，人工无法启动机车，预防瓦斯事故发生。当环境瓦斯浓度降至设定安全阀值以下时，系统自动解除锁定，方可再次启动机车。

车载瓦斯自动监控报警与断电系统的主要功能和特点：

——安装后不改变机车动力特性。

——装置安装快捷，维护简便，具有良好抗振和防水性能，运行稳定可靠。

——装置先报警后熄火，具有安全处理时间间隙。

——可根据使用环境动态设定瓦斯超限报警和断电阀值。

——当瓦斯参数超过报警限值时可自动发出声、光报警。

——当瓦斯参数超过断电限值时可自动输出断电和熄火控制信号。

## L.2 系统构成

系统主要包括车载式甲烷断电仪主机和低浓度甲烷传感器。系统主要由三部分组成：系统维护与配置管理中心、控制分站、检测控制器，见图 L.2。

——系统维护与配置管理中心

系统维护与配置管理中心主要用于设置、调试系统配置参数和控制逻辑，主要由中心电脑、系统软件、数据传输接口组成。该装置主要由设备提供方使用，施工单位也可配置用于平时系统维护。行走式作业机车正常运行时不需要该部分设备。

——控制分站

分站是系统的数据采集处理和逻辑控制中心，负责从传感器采集环境参数，并将结果按照管理中心软件所设计的控制逻辑进行判断处理，根据配置方案在检测到异常时输出报警和断电等控制信号；分站还具备与管理中心进行数据通信的功能，接收管理中心下达的配置逻辑指令并可将采集的数据发送至管理中心进行实时监测调试。

——检测控制器

检测控制器包括传感器和报警器。传感器主要是采集机车作业环境中的瓦斯参数。报警器接收分站发来的报警信号，发出声光报警提示，提前发出预警。

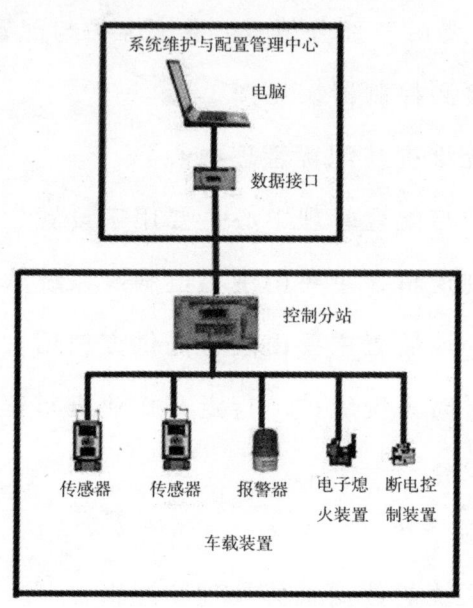

图 L.2 车载瓦斯自动监控报警与断电系统组成

## L.3 系统工作原理

系统主要采集施工机车工作区域的环境瓦斯气体浓度参数，控制分站根据采集瓦斯浓度值和控制逻辑进行分析处理（见图L.3）。机车作业环境瓦斯浓度报警值宜设定为0.3%，断油断电瓦斯浓度值宜设定为0.5%。

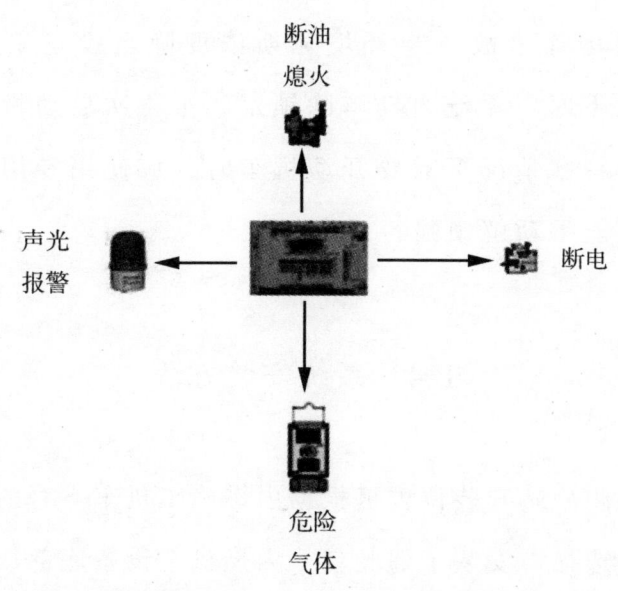

**图L.3　车载瓦斯自动监控报警与断电系统工作原理**

当机车作业环境瓦斯浓度达到0.3%报警值时，分站向报警器发出报警信号，报警器发出声光报警，驾乘人员听到或看到报警信号后，立即停止作业，通知跟班作业瓦检员核查瓦斯浓度，查明原因并采取措施解除危险后再行作业。当瓦斯浓度上升较快，瓦斯浓度达到断油断电阀值 0.5%时，控制分站向安装在机车上的断油熄火控制器和电源控制器发出控制信号，使机车自动停止工作并关闭总电源，实现闭锁，防止机车因火花造成瓦斯燃烧或爆炸事故。当环境瓦斯浓度降至设定安全阀值0.5%以下时，系统自动解除锁定，可再次启动机车。断电后在特殊情况下需要开动机车时，应使用专用工具操作，才能手动解锁强行送电。

## L.4 系统安装方法

监测分站安装位置可根据内燃施工机车本身的结构特点进行选择，安装于驾驶室、内燃机车设备底部或侧面以及驾驶室与车厢连接处等。传感器安装于驾驶室顶部通风处。因内燃施工机车在运行中是一个振动剧烈的载体，因此安装时需对车载监控断电系统设备进行专门的加固与防振设计。系统安装布置见图 L.4。该系统设备轻便、安装快捷、维护简便、只需要施工维修场地即可完成安装、系统运行稳定可靠、不会改变该内燃施工机车动力特性。

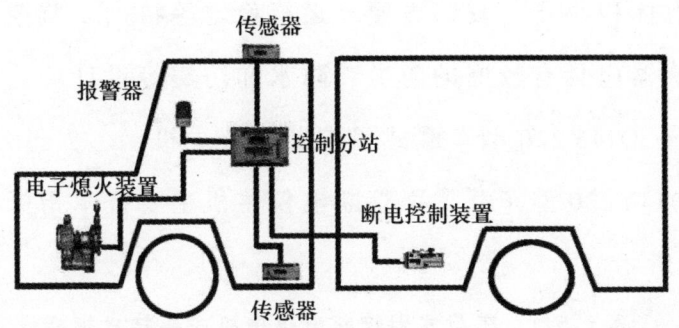

图 L.4 车载瓦斯自动监控报警与断电系统安装示意图

瓦斯工区挖掘机、装载机、运渣车、运输车、混凝土罐车、混凝土泵车等行走式作业机械，均应安装车载瓦斯自动监控报警与断电系统。

## L.5 系统设备主要技术参数及性能指标

煤矿瓦斯监测设备目前市面上型号众多，但多数设备都比较笨重，价格质量也参差不齐，设备的安装维护也各有不同。考虑监测系统在内燃机车上应用与隧道条件的差别，推荐选用车载式甲烷断电仪主机（DJ4Y220-Z）和 GJC4

（B）低浓度甲烷传感器或其他符合规定要求的设备。系统应具有体积小巧、安装方便、运行稳定等特点，监控分站和传感器应具有较好的防尘、防水和防震等设计。

**1　DJ4Y220型车载式甲烷断电仪主机**

DJ4Y220型车载式甲烷断电仪主机主要技术指标见表L.5-1所示。

表 L.5-1　车载式甲烷断电仪主机主要技术指标

| 防爆形式 | | 矿用本质安全兼隔爆型 |
|---|---|---|
| 防爆标志 | | Exd[ib] I （+150℃） |
| 测量范围 | | 0~4%CH4 |
| 响应时间 | | ≤30s |
| 显示方式 | | 四位LCD红色发光数字显示 |
| 工作方式 | | 长时间连续式工作 |
| 开机延时 | | 0~255 s 可选 |
| 测量误差 | 0~1% CH$_4$ | ≤±0.10% CH$_4$（真值，下同） |
| | 1%~2% CH$_4$ | ≤±0.20% CH$_4$ |
| | 2%~4% CH$_4$ | ≤±0.30% CH$_4$ |

续表

| | | |
|---|---|---|
| 超限报警功能 | 报警范围 | 瓦斯隧道超限报警瓦斯浓度值宜设定为 0.3% |
| | 报警误差 | ±0.01%CH$_4$ |
| | 报警方式 | 红色发光管闪光、警报声 |
| | 报警声级强度 | ≥80 dB |
| 超限闭锁（断电）功能 | 断电范围 | 瓦斯隧道超限断电瓦斯浓度值宜设定为 0.5% |
| | 断电点设定误差 | ±0.01% CH$_4$ |
| | 断电显示方式 | 红色数字闪光 |
| | 断电接点容量 | A 组：DC 440V，250A；B 组：DC 440V，250A |
| 自动解锁（恢复供电）功能 | 解锁范围 | 瓦斯隧道供电解锁瓦斯浓度值宜设定为 0.50% |
| | 解锁误差 | ±0.01% CH$_4$ |
| | 解锁最短时间 | 60 s |
| 电源电压范围 | | 48~220 V |
| 断电仪本质安全电源 | | 开路电压 15 V，短路电流 200 mA |
| 使用环境条件 | | 工作温度 0~40 ℃，相对湿度≤98%RH，气压 85~110 kPa，风速≤10 m/s，含有甲烷爆炸气体及强烈震动施工区域 |

## 2 GJC4（B）型矿用低浓度甲烷传感器

断电仪配接的矿用低浓度甲烷传感器应具有就地甲烷浓度显示、超限声光报警、通过遥控器进行零点、精度、报警点设置及报警、断电测试等功能。传感器外壳应采用高强度不锈钢材料，具有抗振动、抗冲击能力。其主要技术指标见表 L.5-2 所示。

表 L.5-2　配接矿用低浓度甲烷传感器主要技术指标

| 防爆形式 | 矿用本质安全兼隔爆型 | |
|---|---|---|
| 防爆标志 | Exibd I | |
| 测量范围 | $0 \sim 4\%$ $CH_4$ | |
| 响应时间 | $\leq 20$ s | |
| 显示方式 | 三位 LCD 红色发光数字显示 | |
| 工作方式 | 长时间连续式工作 | |
| 测量误差 | $0 \sim 1\% CH_4$ | $\pm 0.10\% CH_4$ |
| | $1\% \sim 2\%$ $CH_4$ | 真值的 $\pm 10\%$ |
| | $2\% \sim 4\%$ $CH_4$ | $\pm 0.30\% CH_4$ |
| 超限报警功能 | 报警点范围 | 报警点 $0.30\% \sim 3.50\% CH_4$ 范围内可任意设置 |
| | 报警误差 | $\pm 0.01\% CH_4$ |

续表

| 超限报警功能 | 报警方式 | 红色发光管闪光、警报声 |
|---|---|---|
| | 报警声级强度 | ≥80 dB |
| 工作电压 | | （9~24）V DC |
| 断电输出 | | 0/5 V 脉冲 |
| 显示值稳定性 | | 在 0.00~4.00%CH$_4$ 范围内，当甲烷浓度保持稳定时，传感器显示值或输出信号值（换算为甲烷浓度值）的变化量应不超过 0.04%CH$_4$ |
| 使用环境条件 | | 工作温度 0~40 ℃，相对湿度≤98%，气压 85~110 kPa，风速≤8 m/s |

## L.6 系统调试、验收与维护

**L.6.1 系统调试和验收**

车载瓦斯自动监控报警与断电系统安装完毕，应通过系统维护与配置管理中心并用标准甲烷气体对改装机车进行调试和校验，校验精度控制在±0.1%以内。同时采用标准甲烷气体对设定的报警和断电甲烷浓度进行检验，实现报警、瓦机闭锁和解锁功能。车载瓦斯自动监控报警与断电系统应符合国标 GB 3836《爆炸性能环境用防爆电器设备》的要求。

**L.6.2 机车整机验收**

车载瓦斯自动监控报警与断电系统安装完成后,应对整个机车动力性能进行验收,在瓦斯工区内作业时瓦检员应跟踪检查防爆系统对瓦斯浓度的灵敏度,与光干涉甲烷测定器检测数据进行比对。

**L.6.3 系统维护和维修**

——应指定专门维护人员对防爆系统的性能进行定期维护。配接的低浓度甲烷传感器应每 7 d 至少进行 1 次调校,误差在规定的要求之内。瓦斯断电仪每月至少调校 1 次。

——系统的日常维护工作应由机车司机配合瓦斯员每天对防爆系统分站、传感器和熄火装置进行检验,及时清理系统表面的尘埃、烟气、尾气等污染物,发现问题及时处理。

——传感器发生故障后,应联系生产厂家专业人员进行维修,严禁非专业人员擅自维修和拆卸。

——严禁在隧道内对机车防爆系统进行检查,有故障时必须在洞外进行。

## 附录 M

### （规范性附录）
### 施工缝透气系数测定方法

**M.0.1** 测定透气系数应在恒定气压下进行。

**M.0.2** 测定透气系数可采用下列设备及材料：

——透气系数测定仪：可借用 HS-40 型混凝土抗渗仪进行改装。

——空气压缩机：工作压力 1.2～1.4 MPa，排气量 0.3 $m^3$/min。

——气体量测装置：测量精度不低于 0.1 mL。

——压力机或其他加压装置。

——电烘箱、电炉及钢丝刷等。

——密封材料：石蜡、多功能胶、环氧黏结剂、沥青等。

**M.0.3** 模拟施工缝混凝土试件制作应符合下列要求：

  **1** 试件尺寸可按混凝土抗渗试件制备,其尺寸宜为:上径 175 mm、下径 185 mm、高 150 mm 的圆台体;

  **2** 试件制备:在混凝土抗渗试模中,事先放置用木材或其他材料制成的半块圆锥台体,侧面涂刷隔离剂备用,将施工用的模筑混凝土拌合物浇入抗渗试模的另一半空模中,振动捣实,24 h 后拆模,将试件与模筑混凝土同条件养护,至再次浇注模筑混凝土前,将其置于试模中并在侧面(新旧混凝土交接面)作接缝处理并涂喷界面黏结剂(处理方法及黏结剂同施工缝),30 min 内将模筑混凝土浇入抗渗模的另一半空模中,振动捣实,48 h 后用钢丝刷清除试件表面水泥浆膜,小心拆模,试件与模筑混凝土同条件下养护至 28 d,继续室内气干 14~28 d 后,方可进行透气性测试。

**M.0.4** 采用下进气法测试(适用于圆锥台体标准抗渗试件)透气性时,应符合下列要求:

  ——将气干试件的侧面用熔化状态的密封材料均匀滚涂一层涂膜。

  ——用压力机或其他加压装置将涂有密封材料的试

件压入预热（50 ℃）过的抗渗试模内，使试件与试模底面压平，待试模稍冷后解除压力，取下试件。

——将密封好的试件安装在渗透仪上，加压至最大压力检查密封的气密性，确认密封无漏气后即可开始测试，见图 M.0.4（a）。

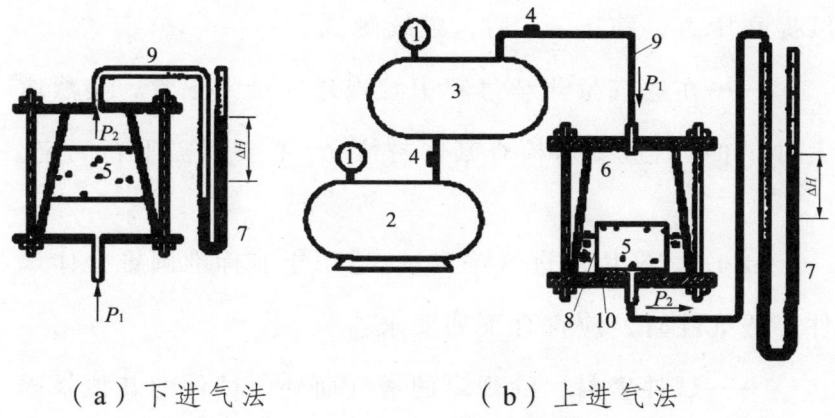

（a）下进气法　　　　（b）上进气法

图 M.0.4　透气系数测试装置示意图

1—气压表；2—空气压缩机；3—恒压容器；4—气阀；5—试件；
6—气压室；7—U 形透气量仪；$\Delta H$—透气量；
8—密封涂层；9—胶管；10—钢环

——测试压力可根据需要确定，从 0.3 MPa 开始，经稳压 6 h 后，开始测读透气量（精确至 0.1 mL），一般每隔 0.5 h 测读一次，直到连续两次的透气量读数差不大于平均值的+10%时止，其两次透气量的平均值，即为试件的0.5 h透气量。若透气量很大，也可按透气量达到某一固定值时所经历的时间进行控制，连续两次的经历时间读数差，也应控制在平均值的+10%内，取其平均值作为该试件的透气时间，计算出在该测试压力下单位时间的透气量。然后继续提高压力，稳压6 h后，继续测试。

——在透气量测续过程中发现透气量不正常，突然增大时，卸压后应重新检查其密封情况，必要时需重新测定。

**M.0.5** 采用上进气法测试（适用于非标准圆锥台体试件）透气性时，应符合下列要求：

——试件密封：除规定的透气面外，试件的其他暴露面均需密封，密封剂可采用多功能耐磨胶、环氧树脂等。密封剂一般涂刷2~3遍，试件表面应平整，无油污及浮渣等妨碍黏结的杂物，并用有机溶剂清洗。待第一道密封剂固化后，可用砂纸将表面打毛，用有机溶剂擦净之后继续涂刷第二遍。

——试件与抗渗仪底座密封：在试件与抗渗仪底座间设置金属过渡环，用环氧树脂将试件与金属环、金属环与抗渗仪底座粘牢，防止漏气，待环氧树脂固化后，即可加上抗渗仪的钢套并密封，送气测试，见图 M.0.4（b）。

——透气量测定：可按下进气法透气性测试相同步骤进行。

——试件密封检查：为检查试件及试件、钢环、底座间的密封性，待透气测读完成后，应在钢套与试件周围注入清水继续加压至气压最大值，经 24 h 后检查透气通道中有无水流出，当卸压并放出清水后再仔细检查试件、钢环、底座间有无渗水，试件本身有无透水痕迹。当无漏水痕迹时，表明密封良好，透气量测定有效，否则试件应重新烘干密封测试。

**M.0.6** 透气系数可从每组 6 块试件的透气量测试中，舍去最大值和最小值，取中间 4 块试件透气量平均值作为该组试件透气量，按式 M.0.6 计算其透气系数：

$$K = \frac{2LP_2\gamma_a}{(P_1^2 - P_2^2)} \times \frac{Q}{A} \times 10^{-2} \qquad (M.0.6)$$

式中，$K$——透气系数，cm/s；

$L$——试件厚度，cm；

$P_1$——施压一侧气体压力,MPa;

$P_2$——测流一侧气体压力,MPa;

$A$——透气面积,cm$^2$;

$Q$——平均单位时间透气量,cm$^3$/s;

$\gamma_a$——空气单位容积重量,取 $1.205\times10^{-5}$N/cm$^3$。